甌風

嚴和

甌風

Culture of Wenzhou

2021|第二十一集

主办

温州南怀瑾书院

文匯出版社

父亲藏书上的题记

马大正

父亲生前喜爱读书和买书，还有文友之间相互赠书，现在父亲走了，留下了许多书。

虽然这些书并非版本学上的珍本或善本，但都是悦目可读之书。

在父亲的这些藏书中，有一些有趣的题记，其中包括签名、对书的评价、记下一段事情、表露一番情谊等。从这些题签中可以读到文学之内与文学之外的信息。

父亲最早的一本藏书出版于一九二七年，是由周作人翻译的日本小说集《两条血痕》，书的扉页签着父亲的第一个笔名——卜曼儿，那时父亲才十二岁。这本书的发行至今有九十多年了，封面的色彩还是那样醒目。

德国作家霍普提曼写的《寂寞的人们》一九二九年由上海的文献书房出版，父亲在书的扉页上写道：“——骅购于民智书店——一九三四，四

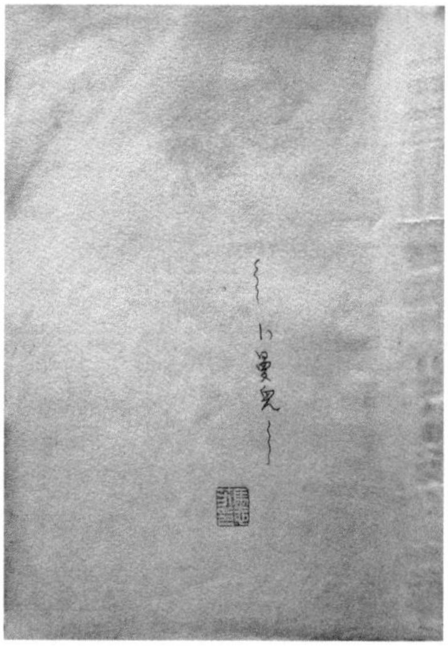

月的头一天夜色中。”那年父亲十九岁。

父亲又在该书作者头像的后面空白页上写道：

> 此剧作于1891年，虽然不及他的杰作织工那么盛名，可是仍有他的价值的存在。
>
> 霍普特曼以为人间悲剧之所以发生，不外两个原因：A.环境——含有敌意的环境——的压迫；B.是高洁灵魂受社会习惯的束缚。这两个原因或是单独，或是连合，都成为霍氏剧本的根本要义。这篇剧本也是描写一个高洁灵魂，努力寻求真理，终于受俗世的压迫，一切理想皆成空虚。

下面是“卜曼儿”的朱文印章。

一九二九年十月一日上海春潮书店印行的毛边本《二月》，作者是“左联五烈士”之一的柔石，在书的扉页上有“骅于一九三四的劳动节后一日购于温州中华书店”，还钤有“卜曼儿”朱文印章。其时，父亲十八岁，就读于温州中学高中部，参加进步的“野火读书会”。

该书的封三有如下的留言：

> 此书一九三五夏乐沙自杭州军训回来时借我看，辗转相借到临离温时才送还，经过时间已七阅月。我此次或将永别温州，而乐沙还为校学开除，在此不仅心舍别情，于国家不抵抗丑剧，快把整个国度送与敌人的时候，能不振奋？所以，此别也许是一个得到实干的机会。 在公廨花园内书此。□生 1935.1.30 13:15

这本父亲购买的书在热传过程中，我们读到了一位热血沸腾的“□生”在书尾作了如此激昂的题辞。未知此人离开温州之后又投奔何方？

一九三五年生活书店发行，鲁迅翻译，L.班台莱耶夫原著，勃鲁诺·孚克插画的《表》，扉页用红色钢笔题写六行竖排的小字：

> 爱文：/这一册好书给你读，/并当作儿童节的/给你的礼物吧！/你的二舅舅/四月四日在上海。

当时父亲二十岁，因领导温州学生运动，被学校开除，遭政府通缉，流亡上海。手头拮据的父亲没有忘记买书给母亲亡故、与父亲梅思平断绝关系的外甥女，在节日时送上一点小小的礼物。

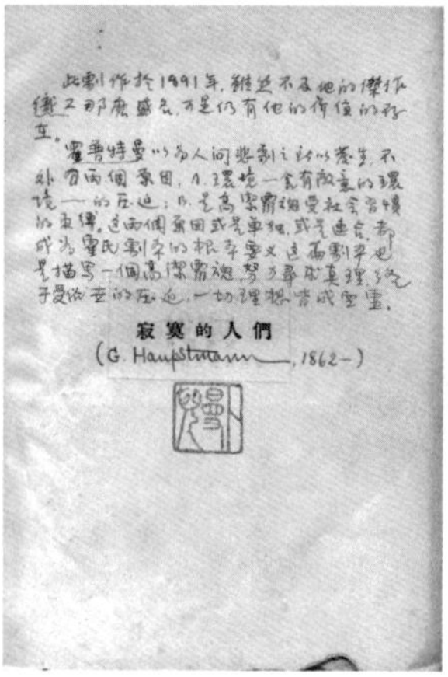
寂寞的人們
(G. Hauptmann, 1862-)
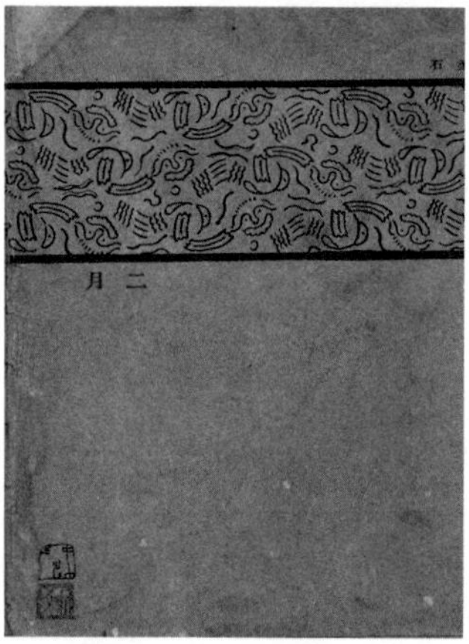
二月
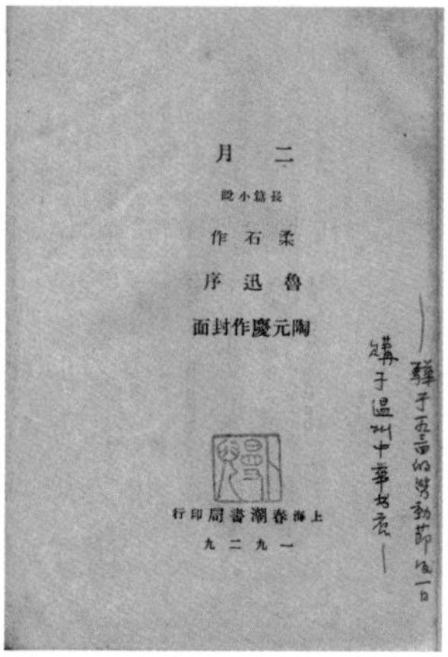
二月
長篇小說
柔石作
魯迅序
陶元慶作封面
上海春潮書局印行
一九二九

一九三六年上海容光书局再版发行萧红的《生死场》中，父亲十分郑重地在一张粉红色的纸上用墨字写道：

> 此书为先生于一九三五年所校订，并设法为其出版者，书前有先生之序言，列入奴隶丛书中。

被父亲尊称为先生的，便是鲁迅。父亲一生都是鲁迅的信徒，鲁迅逝世时父亲正在上海读中学，他每天都前往吊唁鲁迅的地方瞻仰，收集当时报刊刊载的消息、照片，以及吟唱的歌曲，张贴成册，视若珍宝。

林斤澜，温州人，是国内著名的作家，出生于一九二三年，比父亲小了七岁，他一直称父亲为大哥，一是出于年龄，二是出于父亲对他初涉文学时的影响。林斤澜经常将自己出版的新书赠送给父亲。在一九九六年中国华侨出版社出版的《十年十癔》中，就有如此的字样："马大哥指正/北京/林斤澜/97.5。"这位比大哥晚出生的弟弟，却因心肺衰竭比大哥早走了两年。

温籍赵瑞蕻教授是父亲的发小，从小学、初中到高中他们都在一起读书，并一同参加"野火读书会"活动。他一九四〇年毕业于西南联合大学外文系，翻译的文学作品有《红与黑》《梅里美短篇小说选》。他赠送父亲一本中国文学出版社一九九七年出版，杜运燮、张同道编选的《西南联大现代诗钞》，在该书的扉页，他作了一番精心设计：上方钢笔写下"莫洛老乡兄惠存/新年春节阖家安康幸福！久未通信问候为歉，至为想念！兹逢新岁，特赠最近出版的《西南联大现代诗钞》一册，作为菲薄的礼物，便请指正。/赵瑞蕻/1998年正月/于南京大学"。下方贴了一张十厘米高、六点五厘米宽的个人木刻头像，图的左下角钤有"赵瑞蕻藏书印"的白文印脱。离头像仅一厘米处又贴了一张小的"赵瑞蕻"朱文印章。赵瑞蕤长父亲一岁，因心脏病突发，死于一九九九年，父亲在悲痛之余，为他写下悼念文章《烂漫的梦魂 永在梅雨潭——悼念诗人赵瑞蕤》。他给父亲的赠书，是他离世的前一年。

骆寒超为浙江大学中文系教授，一九九九年上海文艺出版社出版的《新诗主潮论》的扉页上写道："莫洛先生雅正/谨以我写了六年才定稿的这部小书献给先生，里面多处论到先生的诗。因为先生确是中国现代诗坛的代表性诗人。/寒超/1999.4.12。"

徐朔方教授（一九二三—二〇〇七）还在大学读书时就与父亲相识，后来在温州中学、杭州大学教书时又成为同事。父亲对徐朔方很好，徐的第一任妻子杨笑梅一直没有生育，却非常想有一个孩子，所以她常写些童话，内容里面都有可爱的儿童，写好之后交给父亲，父亲帮助修改后并给她鼓励，最后杨笑梅自缢，父亲帮助徐料理完后事。晚年父亲曾去看望徐朔方，他因经常摔跤，已坐轮椅。徐赠送父亲的一本二〇〇二年出版的《庆祝徐步奎（朔方）教授从事教学科研五十五周年学术研讨会文集》扉页上题辞："小爱者谨向大爱者莫洛林绵遥致祝福。"徐朔方教授小父亲七岁，却早父亲四年去世。胡兰成著的《今生今世》中回忆温州教书生涯时，同时提到了他们俩。

出生于瑞安的黄宗江，他的母亲陈聪在一九二八年温州成立的女性组织金兰友会中就与马家的多位丽人结识。黄宗江与父亲认识于上世纪八十年代。他介绍自己的职业依次是作家、演员、剧影艺术家。他是一位多产的作家，经常给父亲赠书，其中先后就有《老伴集》《你，可爱的艺术》《卖艺人家》《花神与剧人》《人生知己》《悲欣集》《卖艺黄家》《大忙大闲 · 偷忙偷闲》《读人笔记》，每书扉页必用龙飞凤舞的"宗江体"题辞。黄宗江是一位非常聪明、诙谐、达观的人，曾给父亲寄过一份如何追求一位军衔比他高的女性为妻的打印文章。在一九九七年山东画报出版社出版的《人生知己》扉页上写道：“马骅/林绵兄嫂俪正/珊江/丁丑岁末/顺贺新年。”其中的“珊”，便是夫人阮若珊；在二〇〇三年广西人民出版社出版的《大忙大闲·偷忙偷闲》的扉页上写道：“马骅兄无闲一阅/宗/2005.10.7。”再如在二〇〇四年中国青年出版社出版的《读人笔记》的扉页上写着：“马骅读我/何幸之有/宗江敬上/乙酉重阳。”黄宗江比父亲小五岁，却先于父亲六年去世，死于结肠癌引发的肺部感染。

《鲐背集》二〇一六年四月由浙江文艺出版社出版，作者伍隼，本名夏钦瀚，苍南金乡人，一九二六年出生，比父亲年轻十岁，少年时因为文章出众而被大家誉为“神童”。他一九四三年在浙江大学龙泉分校读书时便与在丽水编辑《浙江日报》副刊《江风》和《文艺新村》的父亲相识。他在浙江文艺出版社任总编辑，经常给父亲赠送出版社的佳作，通常他在扉页的题记签名是一个“隼”字。该书是夏钦瀚自己的文集，取名“鲐背”，作者已经九十岁高龄了。此时离父亲过世已经整整五年。呜呼哀哉！

《礼记·玉藻》有文：“父没而不能读父之书，手泽存焉尔。”先人对前辈读过的书竟如此敬畏，奉若神器。我今天也要珍惜先辈留下的这份宝贵遗产。

二〇二一年一月二日

马骅工作日记

方韶毅　整理

整理者按：偶获一宗马骅旧藏，内有书刊、信函、笔记等，还有几页日记。所记为一九六四年十一月二十八日至一九六五年五月二十日在杭州萧山闻堰公社（今杭州萧山区闻堰街道）参加农村社会主义教育活动的经历，时马骅任教于浙江师范学校。其中一九六四年十二月四日、十二月十三日、十二月十八日、十二月十九日、十二月二十日、十二月三十日、十二月三十一日，一九六五年一月十一日、三月二日至五月六日等未记，一月二十五日至二月十八日、五月七日至五月二十日合记。马骅有记日记的习惯，可惜大多已佚。现发现的虽只有六千来字，但弥足珍贵。将它整理出来，或可为马骅研究增加些材料。日记内数字大部分原为阿拉伯数字，小部分为汉字，现按《瓯风》体例统一为汉字。

一九六四年

十一月二十八日

上午八时，大家乘校车赴闻堰公社，参加农村社会主义教育运动。闻家堰镇离杭州很近，车行四十五分钟即到。

午饭后，听社教工作队长凌长贵同志关于闻堰公社的情况介绍报告。

夜宿废品收购站的仓库里。

十一月二十九日

学习文件。

我被分配在邱徐埭大队。

仍住仓库。

十一月三十日

学习文件。

仍住仓库。

下午听庄瑞康组长传达队部意见，我们要集中力量打好这次分配前哨战。

遇景珹同志，他是闻堰公社社教工作队的领导人之一。因为是吃饭时匆匆见面，未有叙谈。

十二月一日

和吕漠野同志一起搬至洪家洞，住在贫农洪土根家。我的行李是陈金生同志代为挑来的，心里对他很是感激。

十二月二日

原来分配我和吕漠野同志在洪家洞这一村工作，今天又改变决定，调我们在邱徐埭工作，我们又将行李搬到邱徐埭的一座大房子里。这间房子暂时作为我们工作组的办公室。晚上在这个房间里睡的有庄瑞康、黄六斤、陈宏建、吕漠野和我五个人。

闻堰公社邱徐埭大队有四个自然村，即邱徐埭、水田畈、潮冲池和洪家洞，共有十五个生产队。我被分配在第十一生产队。这一生产队的工作同志是钱明智，他是苏北人。

十二月三日

由钱明智同志介绍十一小队情况，先供我有个大概的了解。

在邱徐埭这一片（共四个生产队）工作的同事有庄瑞康、陈宏建、金锋、钱明智、吴亦法、张丽珍、胡亚平、吕漠野和我。后来毛逸同志和华宇清同志也调到这一片来了。

十二月五日

下午布置工作组最近几天的工作。

十二月六日

上午学习文件《怎样做好一个人的思想工作》，朗读以后，集体漫谈。

十二月七日

中午组织贫下中农参观两极分化。选取典型是：用不法手段个人富裕起来的“四不清”干部有潮冲池的李兆荣、孙裕龙两家；因新的剥削贫困下去的贫下中农有水田畈的李水林、洪家洞的何海洋、邱徐埭的史兰标三家。

晚上贫下中农分片讨论。

十二月八日

上午庄瑞康同志对两极分化现场参观和讨论后的总结。

十二月九日

我由十一队调到十队。十队是陈宏建同志负责的。老陈向我介绍了十队的基本情况。

十二月十日

上午工作组布置了这一阶段的工作要求，并对上午一阶段作了小结。

十二月十一日

老陈向我介绍了十队各户的情况。

十二月十四日

我们工作组开会本来都在公社的大会堂，今天起，镇里举办物资交流会，大会堂要放电影、演戏，所以我们开会便只得移到镇委的屋子里去。

上午老庄传达了队委工作会议的内容。黄六斤传达了东汪大队积极分子大会的精神。

晚上，因农民们都无心开会，有的去看电影了，无法进行工作，我和陈建宏、张丽珍也去看电影《光辉的节日》，是一九六四年国庆长彩色纪录片。

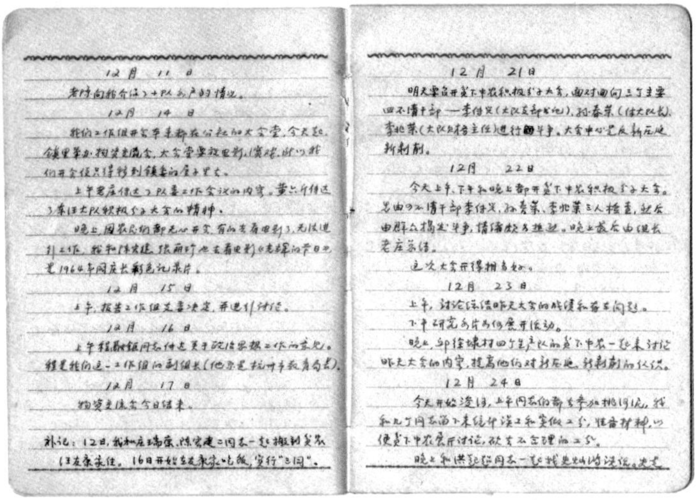
12月 11日

老陈向我介绍了十队各户的情况。

12月 14日

我们工作组开会本来都在公社的大会堂，今天起，镇里举办物资交流会，大会堂要放电影、演戏，所以我们开会便只得移到镇委的屋子里去。

上午老庄传达了队委工作会议的内容。黄六斤传达了东江大队积极分子大会的精神。

晚上，因农民们都无心开会，有的去看电影了，无法进行工作。我和陈宏建、张丽珍也去看电影《光辉的节日》，是1964年国庆彩色记录片。

12月 15日

上午，报告工作组支委决定，并进行讨论。

12月 16日

上午程同志传达关于政治思想工作的意见。程是我们这一工作组的副组长（他原是杭州市教育局长）。

12月 17日

物资交流会今日结束。

补记：12日，我和庄瑞康、陈宏建三同志一起搬到贫农江友泉家住。16日开始在友泉家吃饭，实行"三同"。

12月 21日

明天要召开贫下中农积极分子大会，面对面向三个主要四不清干部——李传兴（大队支部书记）、孙春荣（付大队长）、李兆荣（大队财务主任）进行斗争。大会中心是反新压迫新剥削。

12月 22日

今天上午、下午和晚上都开贫下中农积极分子大会。先由四不清干部李传兴、孙春荣、李兆荣三人检查，然后由群众揭发斗争，情绪比较热烈。晚上最后由组长老庄总结。

这次大会开得相当好。

12月 23日

上午，讨论总结昨天大会的成绩和存在问题。

下午研究分片分组展开活动。

晚上，与徐塘村四个生产队的贫下中农一起来讨论昨天大会的内容，提高他们对新压迫、新剥削的认识。

12月 24日

今天开始整组，上午同志们都去参加批评会，我和几个同志留下来统计误工和实做工分，准备材料，以便贫下中农展开讨论，改去不合理的工分。

晚上和洪同志一起找史灿鸿谈话。史是

马骅日记

十二月十五日

上午，报告工作组支委决定，并进行讨论。

十二月十六日

上午程融钜同志传达关于政治思想工作的意见。程是我们这一工作组的副组长，他原是杭州市教育局长。

十二月十七日

物资交流会今日结束。

补记：十二日，我和庄瑞康、陈建宏二同志一起搬到贫农汪友康家住。十六日开始在友康家吃饭，实现“三同”。

十二月二十一日

明天要召开贫下中农积极分子大会，面对面向三个主要“四不清”干部——李传兴（大队支部书记）、孙春荣（副大队长）、李兆荣（大队财务主任）进行斗争。大会中心是反新压迫、新剥削。

十二月二十二日

今天上午，下午和晚上都开贫下中农积极分子大会。先由“四不清”干部李传兴、孙春荣、李兆荣三人检查，然后由群众揭发斗争，情绪颇为激烈。晚上最后由组长老庄总结。

这次大会开得相当好。

十二月二十三日

上午，讨论总结昨天大会的战绩和有关问题。

下午，研究各片如何展开活动。

晚上，邱徐埭村四个生产队的贫下中农一起来讨论昨天大会的内容，提高他们对新压迫、新剥削的认识。

十二月二十四日

今天开始浚河，上午同志们都去参加挑河泥，我和几个同事留下来统计误工和实做分工，准备材料，以便贫下中农展开讨论，砍去不合理的分工。

晚上和洪起超同志一起找史灿鸿谈话。史是贫农小组长。

十二月二十五日

上午学习文件。

下午同事们参加挑河泥。我和吕漠野受到照顾，不参加重体力劳动，专门查工分上的问题。

晚上十队和十一队合并来讨论不合理工分问题。

得阿绵信。

十二月十六日

上午学习，大家都到潮冲池俱乐部去。下午分片研究问题。晚继续审查“四不清”干部的工分，今天仍和十一队合并举行，参加的农民有史灿鸿、魏祖木、吴中甫等人。

十二月二十七日

晚上继续审查工分，今天第十队单独进行。

得阿绵和歌心信，晚上即复。

十二月二十八日

我们来萧山参加社教，到今天正好一个月，日子过得真快。

上午自由活动，以队为单位各自商讨工作。和洪起超、张丽珍一起谈了一阵工作。

下午过组织生活。

晚上以片为单位研究砍工分问题。

十二月二十九日　晴

早晨起来，有大雾，五步之外就看不清人。

上午洪起超来闲谈，谈的是他家乡天台山的景物，后来就谈到他解放前故乡的械斗，颇为新鲜。

九时许以片为单位过组织生活，似乎在“新老”关系上存在一些问题。

上午别的同志参加挑河泥，我和吕漠野坐在吴长生家门前土坪上看文件。后来王妙仙的丈夫来谈王妙仙被打伤的事；吴长生老头又谈村里的一些情形。

晚上片上四个小队的贫农小组统一砍“四不清”干部的工分问题。我和张丽珍则一起到史水林家串门，了解一些人的情况。

一九六五年

一月一日　晴

今天元旦，工作组队员就地休息一天。

上午到俱乐部练唱，准备晚上参加联欢。上午洗了被单。

午饭后，我们几个人——毛逸、华宇清、许浣薇、刘承职、吕漠野和我，一起出外走走。先到定山，在湘湖农场办公室前面坐在草坪上休息，见到了蔡义江和陶剑萍。后来大家一起到老虎洞，上山到白莲禅院坐了一会。但哪个是老虎洞，却未曾找到。回来时已是四点多钟了。

晚上与贫下中农开联欢会，来的人很多，挤满了俱乐部的院子。公社中心小学的孩子们也来参加演唱节目，为晚会生色不少。老吴（亦法）和任紫燕的相声《新剥削花样十二种》，讲得颇为有趣生动。今天晚会我是带了小花一起去的。

一月二日　晴

上午学习文件，主要是反右倾。上午发言未完，下午继续。

工作组决定我来写“四不清”干部李兆荣小传，晚上对材料做了研究，哪些需要补充的，摘出来设法再做了解。

得阿绵信，并附给国桢先生长信。

一月三日　多云

上午学习文件。下午分片研究问题，准备在片上对十一队队长於毛银进行揭发。晚上去潮冲池找“四不清”干部李兆荣，要他谈谈父祖三代的情况及做投资生意的事实。

晚复阿绵信。写信给杜涛，请将阿绵长信转给国桢先生。

一月四日　多云

天气转冷。

上午随组内同事去龙山化工厂洗澡。

下午开贫下中农座谈会，布置向“四不清”干部面对面揭发批判砍去多占的不合理工分，在批判方面主要划清三条界线：劳动与剥削、按照六十条政策与按照富农路线办事、共同富裕与两极分化。

晚上，片上举行少数积极分子座谈会，为向於毛银面对面揭发斗争做好准备工作。大队又召开积极分子小座谈会，查清“四不清”干部账目。

我和洪起超两人查对汪炳仁（十队队长）、孙建荣（十队记工员）的工分账，结果未有发现问题。

又得阿绵信。

一月五日　阴，小雨

上午由朱林松同志介绍七队贫下中农向小队长和记工员面对面揭发批判多占工分的经过，以七队的经验其他队作为借鉴。接着再由庄瑞康同志对明天的大会作了布置。

下午几个人一起研究了一下为何来写“四不清”干部的小传。

晚上去同五队的贫农陈吾根谈话，向他了解有关李兆荣的一些情况。

得歌心信。

一月六日　多云，晴

今天全大队开贫下中农大会。在这个大会上，向几个大队主要的“四不清”干部进行揭发批判。大会内容有三个部分：（一）大队当年分配四清领导小组宣布成立（共选出贫下中农八人，工作组副组长黄六斤同志也参加，并推选李水林为组长）；（二）交权接印（由大队长徐雪根交出大队印，并向贫下中农表示态度）；（三）砍掉五个“四不清”干部（支部书记李传兴、大队长徐雪根、财务主任李兆荣、团支部书记汪祖煜、副大队长孙春荣）的不合理工分。所以这次大会，实际上是展开了政治仗、思想仗、经济仗、组织仗，意义很大。

今天上、下午都开大会。

晚上写“小传”草稿。

一月七日　晴

上午讨论关于生产队干部为何砍掉不合理的工分问题。

晚上和几个贫下中农一起商量如何砍法。

一月八日　晴

上午仍然学习关于生产队的分配问题，由陈宏建同志报告关于“分配前需要准备的工作”。

晚上仍同贫下中农商谈生产队干部不合理工分的处理问题。

一月九日　晴

原定今天是生产队干部砍工分的，然来工作组领导决定，各队砍工分在处理政策上需要统一，因而把砍工分的事推迟到明晚，今天整天开展辩论，以求得统一。

一月十日　晴

晚上在生产队召开社贫大会，由贫农魏祖木主持，先宣布四类分子多摊义务工，砍掉三个人的工分；然后对生产队长汪炳仁、副队长史水林、记工员孙建荣三人，砍去不合理工分。

我们队里新来一位工作同志——周天法。

一月十二日　晴

上午工作组同志开展关于分配政策问题的大辩论，下午在太阳下一起学习《六十条》。晚上写完“小传”。

一月十三日　晴

上午继续辩论。下午参加关于写小传的座谈。

晚上找团支部书记汪祖煜谈话，准备写他的小传。他也是大队“四不清”干部之一，但表现态度较好。

晚复阿绵信。

一月十四日　晴

今天工作组不集中学习。我们邱徐埭的四个生产队，除毛逸同负责的十一队外，其余八、九、十队一起研究分配政策。上午吴亦法同志将贫下中农根据《六十条》规定新讨论的意见作了传达。

晚上八、九、十三个队邀集贫下中农讨论分配问题。

一月十五日　阴转晴

上午以生产队为单位，召开社员大会讨论分配的各项具体问题。

下午无事。晚上写“汪祖煜小传”。

一月十六日　晴

今天整天都在选分配方案，老陈（庄）、老陈都参加算账。我继续将“汪祖煜小传”写完。

晚上贫下中农讨论分配方案。

一月十七日　上午小雨，下午转晴

他们仍继续在选分配方案。我和吕漠野两人则复写小传，要各抄两份。下午到俱乐部开会，由老庄传达队部会议精神。省委已决定社教工作队春节放假两星期，从本月二十五日开始。我准备先到杭州，然后再搭车到温州。

晚上把第一份复写的“小传”抄毕。

一月十八日　晴

上午把第二份复写的“小传”抄毕。

下午本来开会，后来又决定不开了。

今天我这一队（第十生产队）在下午分谷，贫下中农大家都非常高兴。这次分配前哨战取得胜利，就以十队来说，增加分配的稻谷有四千余斤，增加分配的现金有三百余元。每户社员差不多都增加了收入。贫农史兰标显得特别高兴。下午十队的仓库里非常热闹，炳仁（队长）司秤，建荣算账，灿鸿装谷，友康、汪祖木、史水林等为社员送谷，连中甫的父亲和祖煜的父亲都来帮忙。每个社员的脸上都现着笑容。

晚上叫几个贫农（魏祖木、史兰标、史灿鸿、汪友康）来座谈这次分配的体会。

得歌心信。

一月十九日　大雾转晴

上午去龙山化工厂洗澡，结果没有热水，洗不成，白跑一趟。回来和吴亦法同志一起去街上买毛主席像和红纸，准备给房东送春节对联和主席像。

下午在俱乐部开会，布置春节放假前应做好的工作。会后由吕漠野先生来写对联。我和老庄、老陈送房东的对联是：“劳动群众万双手；贫下中农一条心。”

晚上贫下中农座谈关于分配的感想。

复歌心信，寄阿绵和大观信。省委已决定社教工作队春节放假的日期：从二十五日开始，到二月十日止，头尾共十七天。今天写信，就是把我去杭返温的日期告诉阿绵和心儿、观儿。

一月二十日　大雾，阴

今天工作组的组长要到杭州集中学习，老庄和毛逸同志都去了。

上午学习周总理的“政府工作报告”。下午漫谈。

晚上由余杭金星大队的农民来介绍丰产经验，全大队的贫下中农都到大会堂去。会由贫农李小林主持。黄六斤同志也讲了话，内容是关于过春节的问题。贫农陈吾根把“四不清”干部退赔的和未退赔的数字向社员汇报。

一月二十一日　阴

上午继续根据周总理报告精神，结合我们大队经过“小四清”的情况来漫谈。

下午为春节联欢准备节目。

晚上和老洪一起，同史水林、史兰标、陈建荣三人拟订春节前后一段日子里的生产计划。

得阿绵信。

一月二十二日　阴

今天由黄六斤同志宣读“中央政治局会议纪要”，这是一个最近的文件，中央在一月十四日才发的，内容二十三条，都是关于农村社会主义教育的，给“双十条”作了一些补充和修正，是一个非常重要的文件。

晚上十队开社员大会，通过春节前后的生产计划和一些必要的制度。

一月二十三日　阴，小雨

上午过民主生活，谈谈参加“社教”两个月来的思想认识的提高，以及对“三同”的体会。在座谈前，还宣读了团委的一个通报，是关于两个犯错误同志的处理。

晚上举行春节联欢晚会，有中心小学、耕读小学、贫下中农和工作组等参加。我也参加了“方言表演”和“合唱”。

一月二十四日　阴，小雨

今天没有什么事，只是整理一下东西，准备明天去杭州转温州过春节。

中甫今天结婚，大家一起去祝贺，看新娘子。

晚上和贫下中农开了个座谈会。

***　***

二十五日开始放假。上午乘车到杭州。在火车站买不到车票，后来请绍光兄设法，和汪鹏孝同志一起再到车站，由汪买到当晚的夜车票。到杭大已是下午一时，后来一起和观、心到爱文那里，并用夜饭。晚上大观送我上车站。

二十六日下午五时到温州，大家在汽车站接我。

在家过春节。绵身体仍不好，我回家后，她精神上愉快多了。康、正、林、凡都好。小歌凡差不多天天跟着我。

原定二月十日到萧山队部报到，后来接到通（知），假期延长五天。

十三日上午五时康儿送我去汽车站上车，夜十一时到杭州。

十四日和观、心一起。晚上仲浦先生请吃饭。

十五日上午去看爱文。

十五日下午一时，学校包了大汽车送我们到萧山闻堰镇。

***　***

十六日到十八日，白天开会、学习，晚上串门。

学习“二十三条”。

二月十九日　雨

上午安排了二月底前的工作。

二月二十日　雨

今天开始整训，学习“二十三条”。

上午由孟超成队长报告关于学习的安排，报告中特别指出学习的观点和态度。要学好“二十三条”，必须要有实践的观点，辩证全面的观点，要有革命的精神和高度的策略思想；要有坚持真理、修正错误的态度。

从今天起，要集中学习七天。基本队员和学校师生则分开学习。晚上仍照常工作。

二月二十一日　雨，大风，冷

今天由胡景瑊同志作学习“二十三条”的辅导报告，上午未完，下午继续。会后再逐条讨论。

晚上召集小队的贫农，宣读《贫农下中农协会组织条例（草案）》，准备明天由他们报名参加，成立贫协筹委会。

二月二十日起，到二月二十七日止，为工作队整训日期。

二十八日下午，与李兆荣谈话（老庄、金锋和我）。

三月一日　雨

下午召开大队社员大会，由黄六斤同志来宣读“二十三条”精神，内容主要是四个部分，即（一）形势，（二）运动性质，（三）干部问题，（四）生产问题。

第十队社员出席了十七个人。

晚上在小队里讨论。

***　***

五月七日上午，工作队员乘车离开闻堰回原单位休息。晚七时，去昭庆寺参加阶级斗争教育展览馆。

五月八日晚，同歌心去浙大二分部看“五一”文娱演出，名称为“浙大本部同学革命文艺创作汇报演出晚会”。大观参加“对口词”的表演。

五月九日，同大观、歌心一起上街，买些日用物品。这个月的十七日，是我五十岁的生日，为提前祝贺，我们特地到奎元馆吃面，并到慧光照相馆拍照留念。下午下暴雨，雨后去看爱文，并在她那里用晚膳。

十二日下午三时半，到南星桥搭汽轮返闻堰。

二十日，在闻堰结束工作。邱徐埭大队由庄瑞康、吴亦法、陈金生三同志留队，做些未了事宜的扫尾工作和思想工作。

马骅信札四通

马大正　整理

今年是父亲马骅逝世十周年，在征集父亲信札的过程中，得到诸多古道热肠人的支持。

现选出父亲写给亲人、学生、文化人、文学青年的信各一通，以飨读者。

复马大任

马大任（一九二〇—二〇二一），马公愚次子。早年就读于温州中学，毕业于中央大学外文系。一九四七年公费留学美国，入威斯康辛大学新闻系获硕士学位，后入纽约哥伦比亚大学学习国际关系，后习图书馆学，获硕士学位。曾任哥伦比亚大学布道研究所图书馆中文图书馆馆长、加州斯坦福大学胡佛研究院东亚图书馆馆长、荷兰莱顿大学汉学研究院图书馆馆长、美国纽约公共图书馆馆长等职。当耄耋之年，在美国发起“赠书中国计划”活动，已向国内数十所高校赠送图书二十多万册。著有《美国图书馆的东亚藏书》《美国华人经济现况》《西欧的中文藏书》等著作。马家房族人丁兴旺，又不乏人才，马大任称马家人为“马家军”，大家一致认可，当时父亲年纪最高，声望最隆，故封为马家军军长。

大任贤侄：

你寄来前后二信早已收到，因种种原因搁到现在才作复，歉疚之至！

去年你寄来的文章（关于温州人在纽约），我介绍给《温州人》杂志，因文中写到有关温州各方面情况，知道的人较多，所以编辑仅节录一部分有关温州人在纽约的介绍，但未征求我的意见就发表了。我要该杂志副总编将该期《温州人》直接寄给你，未知有收到否？这位我认识的副总编不久就离开了。

你寄来的《丘八与丘九》是一篇八千多字的回忆录，写得很有意思。因是长文，又谈私人几十年前的事，温州出版的报刊均无法发表，只有鹿城区文联主办的双月刊《墨池》负责人与我关系较好，我便作了推荐，该刊编辑决定分期连载。但这期《墨池》却脱期了，直到最近出版（我昨天才拿到），我想请该刊编辑部直接寄你。

温中百年校庆你自然无法赶来参加。校庆筹委会编印了两大册《温中百年》，其中提到我们马家的人甚多，其中有照片的就有马孟容、马公愚、马辅、马骅、马大任、马大康、马大正。你录入《知名校友录》部分，文字较长，就不抄出给你了。大恢也在《知名校友录》中，但无照像。上下二册《温中百年》十分厚重，我无法向校庆办讨来寄你，只有以后有机会为你搞到一部供你留作纪念。

有件事很重要，就是今年是你父亲马公愚的110周年诞辰，应该怎样举办纪念活动须作商量。政府部门不搞这些活动，只有我们自己设法来做。我查了好些辞典和资料，其生年各有不同，有1893，我认为是正确的；但也有生年为1890、1894的。卒年都是1969，是正确的。马孟容生年有作1890，亦有为1892。我记得小时候听说，孟容大哥仅长公愚二哥一岁，结婚则是同年同月同日。小时留下的记忆极深，故此二人应该是：孟容为1892—1932，公愚为1893—1969。至于生卒的月、日则都不知道。你是否对父亲的生卒年月日记得清楚？

如何来纪念公愚二哥110周年诞辰，这事极为重要，你和大望在美国，应该联系商量一下（大望、千之日前来信，告知大恢已亡故，并说他夫妇拟于今年六月大约19—21日来温州）。关于纪念诞辰事，大全(仓彝的儿子）颇关心。亦钊是重要的人，因他对温州书画界名家熟人多，他因还在温大教课，颇忙，我想待你写信来告知我你的意见后，我约大猷、亦钊、大全、大康、大观等马家主力来一起商量。我的意见，你先把纪念父亲的文章写起来，纪念活动的那天可在报上发表。我还有个想法：纪念马公愚110周年诞辰时，是否把马孟容也合在一起纪念？不知公愚、孟容的书画作品尚有保存否？如举办书画展览就要搜集、装裱。既是书画名家，展览会是省不了的，必须要举办。我家里“文革”抄家时全被抄没了。公愚二哥除书画外，还有篆刻，出版著作等，均须搜求。日子过得快，现在马上开始筹备也已颇为紧张了。

你一一介绍自己子女情况的信，我叫大观复印了好几份，分送给我们马家的房族，也即你所说的“马家军”的官兵们，使他们知道你的全家情况。

大前天遇表兄叶云帆，他告诉我：叶桎已于本月12日患肺癌去世。

我身体情况尚过得去，不过患有多种老年性疾病，外表看起来倒很不错，胃口亦佳。我因两腿不好走路，在室内走动也得用手杖，所以外出有困难，非得乘出租车不可，故甚少外出。因而任何事情都得依靠人。子女住处离我家较远，他们又有工作；我的老伴新年虚龄已82，也衰弱。我来客又多，客人大都是老朋友，一聊天就是两三个小时。我又早睡晚起，一天里干不了什么事，实在也颇苦恼。如今耳聋眼花，看书读报都不方便。拿笔写信手不听使唤，写字也感困难。我这信上的字不知你能看得清否？你大概虚龄也已84、85了吧？来信和文章还写得那么好，怪不得大望来信说你在图书馆做“半职”工作之外，还兼做别的工作，并说你“精力不错”，确是令我羡慕。我信上提及因种种原因给你复信拖久了，就是因为前边提及的事和身体条件差的缘故。

给你写信，不写则已，一写就写不完，还有许多话要说的，也只好搁笔了。阳历新年已过，阴历新年也快到了，就此祝你和胡明及全家新年快乐，全家幸福，人人健康！

愚叔“马军长”

2003.1.16

复贺圣谟

贺圣谟，浙江宁波人，生于一九四〇年。杭州大学中文系毕业，曾任宁波师范学院中文系主任、宁波大学文学院教授，著有《论湖畔诗社》等。

圣谟贤弟：

你寄来的信、照片、书和一篇文章，均已先后收到。你可以想象得到，我会是如何的高兴！只是我给你复信迟，定会令你焦急。我请你对一个90岁老人的宽容和谅解。我每天想给你写信，而每天都未能成功。你将很难想象一个90岁老人是怎样生活，怎样打发日子的。说实在，在那么多的大学学生里面，我对你是非常有感情的。读你信后，我脑子里不时映现出那些过去和你相处的日子：你还是杭州大学学生的时候，经常来我住房聊天，我坐在书桌后面，你则在书桌对面边上的椅子上坐着，有时大谈三十年代的作家，文艺和文坛情况。有位同学我已记不起他的名字，他很聪明，作文也写得不错，但都被一些同学瞧不起，受到欺负。只有你是对他友好的，绝没有歧视。这位学生毕业后在乡间工作，后传来消息，说他在乡间游泳溺水而亡，我心里为此深感难过。在杭大，我们算是师生中最为接近的了。我还想起在北京，我们在林斤澜家里见面，你还带我到一所寺庙去参观（太白宫什么的），我的老伴林绵也同去……。总之，过去我们之间不是师生关系而是友好关系。再添一句，有一年我和唐湜经宁波，就曾一起住你家过夜。唐湜已于今年一月病故了。

你信上说起步奎先生，步奎真是我的老朋友，好朋友了。1943年他在龙泉浙大读书时我们就开始交往了，我们的关系真是说不尽的。你附来这我和他合影的照片，正是他从教、科研55周年纪念时拍摄的。那时，他曾将厚厚的一本纪念文集寄来赠我，扉页上的题字颇有意思，是这样题的："小爱者谨向大爱者莫洛林绵遥致祝福"，确为别开生面。在他摔跤变植物人的前好几个月，我和老伴、梅爱文、媳妇到杭大，特地去教师宿舍看望他，看起来那时他身体已不大好，坐在那里，一个研究生陪着，他见我们去，非常高兴，但却一时站不起来。没说几句，他便说："我的全集恐怕要到我死后才会出的吧！"看来他最关心的要算是这件事了，否则他不会如此急迫着向我说这话。他的《徐朔方文集》一出来就赠我，而且信上说"温州仅送你一人"。我因为还要看对门的孙席珍先生的师母，还有近处一位姓叶的老友，就只能交谈几句就告辞。徐老师却说：“大康师院里如要我去作讲座，我也还可以去。”他见梅爱文又高兴又亲热，一边笑着一边说话，颇为兴奋。我走时他要站起来送我，我按住他管自告辞，走出去未到几十步，他却已步履维艰的送出门来，我请研究生扶他回去。……不料他现在却成为植物人，住到萧山武警总医院治疗。我因年岁太大，无法去看望他，只从老友伍隼（夏钦瀚）信中，知道他的一点情况。你和徐先生关系甚深，大概稍能得到一点消息吧。据我所知，“植物人”无法医治，我的侄女婿桑雅忠也成植物人，在医院住了不到两年，结果还是走了。

你赠此二书给我，好极好极！《鲁迅如现在还活着》，“风源”原来是你，真是没有想到。这是一件大事，可以引起很多人深思，意义是极为深刻的。幸亏黄宗英骂人都写文章来证实了，“孤证”不孤，叫人不得不相信。从这件事上，让善良人头脑可以多清醒一点：什么是伟大人物？什么叫做政治？可以知道的深刻些。吹起这阵风是好的，但能真正说出自己的理解，说真正的真话的人还是极少的。

罗稷南先生我不认识，解放前，我听我的堂兄马公愚说，罗先生就住在他家近处屋里。马公愚住的是上海襄阳北路，颐德坊37号，已住了数十年，现在还是。你在罗先生家住过，不知解放后他有否搬过家。这一带俄国人住得多，近处还有一座俄国大教堂。

你那篇《永远的江老师》我竟昨天才发现读到，极好！原因是：你寄书的封套已破裂，我拿到手里时，两本厚厚的书立即掉了出来。你的复印文章又粘在封套里面，后来我的老伴整理我的书桌时，发现封套，拿出准备放别的东西，一摸，才发现里面还有你的文字，你信上又没提起，我一直不知道。幸亏老太婆仔细，总算读到你这篇好文章，读后不仅钦敬江老师，他是一位值得做人的楷模的学者，却蒙受如此的大不幸！呜呼，痛哉！

寄来的两本书，好极了！太好了！我因行动困难，已多年不去书店了。“毛罗对话”事出来后，我从报刊得知，但不知“风源”是你。我连海婴的这本书也未曾见到。这两本书是很好的，我马上翻读了。但目力衰退，用放大镜左右上下拉着读，甚感吃力。已读过几篇从题目看是较重要，还得慢慢再翻阅。现在记忆力极差，刚读过就记不清，甚至忘了。好读书不求甚解，但每天又非读点书不可，这是几十年养成的习惯。再说，你作为“风源”，很重要，你如不对海婴说起，罗亡故，这事就湮没无闻了。虽然黄宗英，陈焜听见过也都写成文字了，但如你没对海婴谈起，海婴又不相信没将对话写出来，我想在对政治重重顾虑胆战心惊的年代，谁也不敢说的。我估计 57年那天会上听到的一定不止黄宗英一人，如今有的人已作古，有的还是有顾虑，宁可不说为妙。……这事引起我很多思索。范泉是个好人，是我的朋友，他那时编《文艺春秋》提这个问题，是针对国民党的，又作别论。不过他编这个特辑还是不错。

好像有说不完的话，此刻也只得打住了。我平日来看我的人多，来了人，聊天，疲乏，这一天就无法做事。昨天这信写了一部分，有人来了，只好把笔搁下，晚上又无法做事，今天写完，该早些寄信。你知道，我自己无法跑邮局，得通过另外的人投邮，现在得什么事都依靠别人，实际上有许多事自己都无法做了。

最后有几件事要告诉你一下，因信可能会超重，有些东西就同书另外包好付邮再寄。

一、一份《文汇读书周报》；

二、刊物《散文诗世界》一本，其中有我的《老人三题》；

三、照片二帧（夹在《闯入者之歌》书内）；

四、五本我写的书（不知是否曾给过你，如已给过，由你处理好了）；

五、一本青年人关于对联的书，由我赠你。

信就到此，暂搁笔。祝你全家安吉！过幸福的日子！

此信实际上写了三天。字太小太坏，不知能读得下去否？

我的电话0577—88242828。

马骅

2005.9.20

致陈敬容

陈敬容（一九一七—一九八九），原名懿范，四川乐山人。九叶派诗人、翻译家，中国作协会员。参与创办《中国新诗》月刊，曾任《世界文学》编辑。著有诗集《老去的是时间》《陈敬容选集》等。

敬容同志：

拙著《大爱者的祝福》刚出版，现寄奉一册求教。

尊著《陈敬容选集》唐湜兄早已送来，真叫我高兴！我们一直还没有机会见面，也未曾通过信，但我是早已拜读过你的作品的，而且很喜爱你的作品，我曾托唐兄转告你，对你深切感谢！我还同他说起，我认为在传统女作家中，你是一位才华出众的作家，四川给你出版一本选集，实在非常必要，非常好！

以前刘北汜同志曾将《曙前散文诗丛书》的入编作者及其集名开列出来，知道其中你也有一本，这是很使我高兴的。但花城似乎不很重视，也颇拖拉，一直没有消息。最近郭风同志来信，说花城责任编辑□□来信，都说《曙前》已全部发排，且在年内多全部出版。但郭风同志似乎还有点怀疑，说他的那本校样看过已好久了，但还不见出来。未知你有确实消息否？我这本《大爱者》从我寄稿到出版，仅一年多一点时间，可见重庆出版社就是重视多了。

编入《曙前》丛书的我那一本名《梦的摇篮》，以后都出来了定当寄奉一册求教！你的那本出来，也希望能赠我一册。

匆匆顺颂

春绥

莫洛

一九八二. 三. 一八晚

通讯处：浙江温州市百里东路31号601室。

复张炳勋

张炳勋，生于一九四二年，温州乐清人。浙江省文史馆馆员。著有《怀馨阁杂俎》《鳞鸿旧影：近世乐清旧札掇拾》，编校有《黄式苏集》。

炳勋先生：

大著早拜收，迟复为歉！

我曾几次提笔要给你写封感谢的信，但总是被别的人打断。我喜欢读你的文章，凡我接触到的报刊，有你的文章我就要读。这次收到寄赠的集子，就特别高兴。就在收到你的书的第二天，沈克成来我处，克成是沈迦的父亲，他告诉我，你的书沈迦已收到。克成说他还曾到乐清政协找过你，未见到，他已在我处抄了你的地址。

你书中写到的都是知名人士，也有认识的朋友或不认识的前辈，其中马兰笙是我的祖父，孟容、公愚、味仲则是我的堂兄，陈适先生是1936年我在上海民光中学读书时的老师。

你这本集子很好，有史料价值，文笔又好，相信会受到读者的欢迎。读你的信和《后记》，知道乐清有那么一位宣传部长。现在是市场经济，看重文章的人是不多的，而这位部长竟为你出版集子而努力，这就不容易了。我在这里对他表示敬意。

我现在眼睛不好，写字手要抖动，不能多写了。

你赠我著作，是一种友谊。我也应该对你有所表示，我没有别的，手头还有几本拙作，也作为友谊寄赠给你。

匆匆，顺颂

著祺

莫洛

2003.3.21

书四本另邮寄奉。

我在家乡的求学生涯

金礼义

我出生在浙江省苍南县钱库镇金家垟村（当时属平阳县）。这是个典型的江南水乡。它处于鳌江下游以南的冲积平原上，离大海只有七八里。周围是一望无际的田野。站在田埂上，附近几个村庄的房屋、树木、炊烟尽收眼底；晴朗的早晨，还能清晰地看到东海日出。

上世纪四五十年代，全村六七十户人家，沿着百花河呈一字形展开。村庄后面是一大片被纵横交错的阡陌隔成大小不等的水田，分别属于各家各户。全村三百多口，人均只有九分田（土改时的数据）。一年种早、晚两季水稻和一季春花（即在晚稻收割后种油菜之类的作物，到第二年早稻插秧前收割完毕）。每到春天，油菜花开了，田野成了花的海洋；等到农历四五月，早稻秧苗茁壮成长，田野就变成一片青绿；再到六月份，早稻成熟了，田野又变成一片金黄。之后，随着晚稻的生长、成熟，田野又变成青绿，再变成金黄。田野的景色每年都这样有规律地循环变化着，大气磅礴而又生动秀美，寄托着人们的希望和喜悦。

我生于一九四二年一月二十三日，正是抗日战争最艰苦的相持阶段。国难当头，百姓受苦。抗战胜利后，紧接着国共内战，共产党领导的浙南游击纵队和国民党军队经常在浙南山区交战，老百姓担惊受怕，惶惶不可终日。我幼时曾两次坐在箩筐中，由父亲挑着逃难（躲避日本兵和“大刀会”暴动）。晚上睡觉时，母亲总要拿一把菜刀压在枕头下，以防不测。我的童年就是在这样兵荒马乱、民不聊生的年代中度过的。

发蒙读书

一九四八年春天，我六周岁了，父亲把我领到本村吴家办的“晦初小学”。交了学米（用大米当学费）后，父亲让我向先生翁作揖，然后由先生翁领我到孙中山先生像前行跪拜礼，我就算发蒙上学了。

记得第一课的课文是：“来来来，来上学。”第二课的课文是：“好好好，来上学，大家来上学。”第三课的课文是：“去去去，去游戏，大家去游戏。”二年级的课文里有《剪指甲》：“指甲长，容易藏污垢，做事又碍手。指甲长，快快剪，指甲剪短了，清洁又方便。”还有《司马光砸缸》《曹冲称象》等故事。这些课文富有启蒙性和趣味性，贴近儿童实际，又朗朗上口，故至今不忘。我喜欢读书，成绩也好，每个学期都有奖励。奖品是学校自种的白玉兰花、月季花，也有小毛巾、肥皂之类。我在这里读了两年。

一九四九年夏天，家乡解放了。工作组进村，搞土改、划成分、斗地主。村里定了二家地主，其中有办学校的吴家。还定了一个“个人地主”，因他当过保长，但家里财产不多，经济条件够不上地主成分。那时经常开群众大会，宣传政策，斗争地主，分田分物。地主被捆着跪在台上，贫雇农上台诉苦，说到伤心处，痛哭流涕，对着地主拳打脚踢一顿。

地主家的田园、房屋、耕牛、农具、家具都分给了贫雇农。那个“个人地主”后来被定性为“恶霸地主”，枪毙了。随后村里开展声势浩大的“破四旧”（即旧思想、旧道德、旧风俗、旧习惯）运动。

一九五〇年春，吴家小学停办了。村里在祠堂临时隔出一个教室，聘了一位先生，二、三年级的学生（一年级没招）在一起上课，我在这里读了一个学期。农历六月十五，我出麻疹了，高烧不退，母亲日夜陪伴操劳，不久就病倒了，并于七月十五日逝世。这真是晴天霹雳！全家人沉浸在悲痛和绝望之中。我大病初愈，身体虚弱，又加上丧母之痛，只得休学了。

那时姐姐十二岁，哥哥十岁，我八岁，妹妹六岁，弟弟四岁，家里的惨状可想而知。父亲承受着常人难以承受的痛苦和辛劳，既当爸又当妈，拉扯着我们兄弟姐妹五人，还决意让我和弟弟上学。为了我的学习费用，他五十多岁以后开始划船载客，风里来雨里去，日夜吃住在一叶小舟之上，终于把我和弟弟培养成大学生。金家垟全村在“文革”前只出过四个大学生，我家占了两个。

钱库小学

一九五一年春天，我到钱库小学上学，是三年级下学期。

学校在钱库镇东北角，三面临河，由一座长桥与钱库横街相连，环境幽静。它原先是一座庙宇，供奉着陈十四娘娘。“破四旧”以后，改为学校，又在旁边建了些教室和操场，成为钱库镇唯一的一所完全小学。每年级都设一个班，每班四十多人。那时上学的人很少，主要是因为生活普遍困难，没有条件上学；也因为许多人认识不到上学的重要性，没有积极设法让小孩上学（因为当时的父母百分之八十以上是文盲）。学生年龄没有

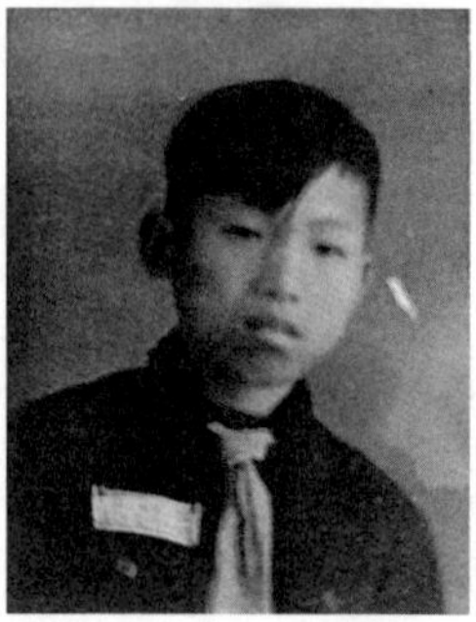

作者初一时

作者高中时

作者就读军校时

限制，相差悬殊，我班就有两个十六七岁的女同学。这些大同学，都是因为过去没有上学，解放了才开始学文化，后来也都没有继续升学。

老师的成分五花八门，有大学毕业的，有靠自学成才的，有解放前留下来的，也有刚从军队和政府机关转过来的。水平参差不齐，但都很敬业。教我语文的杨以平老师，清瘦儒雅，课讲得好，很受学生欢迎。记得他曾在课堂的黑板上把自己的诗作写给我们看，题目是《劫后》：“颓墙你站着，碎瓦你躺着，快告诉路过的人们，谁建起你的，谁又使你倒下！”据说这首诗在报纸上发表过。他的夫人也是学校的老师，是从印尼回来的华侨。后来听说她是“特务”，因此夫妻俩都被“处理”了。校长黄贤甦是钱库当地人，关爱学生，平易近人。有一次一个学生在屋檐上挂标语，不小心掉下来，他居然用双手接住而没有受伤，学生们都很敬佩。还有教体育的黄公任老师，他是平阳人，个子高，篮球打得好。一次台风过后，我和另外一个同学在校园转悠，想看看灾后校园景象。转到操场，看到黄老师一个人在打篮球。他也看到我们，就叫过去一起玩，还教我们投篮的要领，并说："在这样边上有积水的场地里打篮球，如果不弄脏衣服，就说明你的技术可以了。"这些无关紧要的话，不知怎么我到现在还记得。

三、四年级开设语文、算数、常识、音乐、体育、劳作六门课；到五、六年级，去掉常识和劳作，增加历史、地理和自然。我不偏科，对每门课都努力学好。刚进钱库小学时，同学们对我这个乡下来的、头上长着疖子、敷着草药的小同学，有些看不起，还给我起外号。等到期中考试后，我的各门成绩都名列前茅，大家就对我刮目相看了。

课外作业不多，都在晚上做。因为下午放学后要到田头干活，如割草、拔猪草、锤泥（烧泥灰之前要把大的泥块锤小）等，但最多的是薅田。那时种田不用农药，田里的杂草长得很快，而且由于土地贫瘠发硬，有些杂草的根扎得很深，很难拔掉。我家有七亩田，分四块，互不相连。往往是这块田里的草未薅完，另外几块田里的草已疯长，实在应付不过来。父亲主要忙"大活""技术活"，薅田就成了哥哥、我和姐姐的任务。薅田是非常繁重的农活，一是必须弯腰，时间一长会腰酸背痛；二是经常在烈日下曝晒，胳膊和背、项会被晒得脱皮；三是脸不断地碰到稻叶，会被划伤，一出汗非常痛；四是手经常被田蜂蜇伤，又痒又痛，还会肿起来。薅田的辛苦，给我留下极为深刻的印象，而且给我留下了腰肌劳损的毛病。

转眼就要小学毕业了。虽然家里缺少劳力，经济也十分困难，但父亲还是同意我的要求，让我报考平阳中学。那年我们班四十多人，考上平中

平阳中学七十年校庆时同学会

继续上学的只有十来个人。

考上平中

考上平阳中学，成了中学生，在当时的农村里是一件体面的事，家里人高兴，邻居们也都说些称赞鼓励的话。那时整个平阳县（包括现在的苍南县）只有这一所中学。学校位于平阳县城（昆阳镇），离家五十多里，只能住校。

父亲给我腾出他原先放书和“贵重”物品的小木箱，又给我买来一个小搪瓷脸盆和一个网兜；姐姐用旧棉套给我缝了一条小被子。几件旧衣服装进小木箱，脸盆装进网兜，把小被子卷成圆柱形竖在脸盆上，再找来一根一米多长的竹竿，我就这样挑着担子上平中了。起早动身，和几个同学一起乘小船，水路三十里，大约经过三个小时，到方岩下（现在的龙港）。下船后，挑着担子走过长长的码头，上渡船，渡过鳌江，再挑着担子走到平阳。那时鳌江到平阳虽有简易公路，但不通客车。二十多里路，当中要歇几次，也要三个钟头。因正值夏秋之交，天气炎热，汗流浃背，十分疲劳。但是一到平中校门口，看到向往已久的学校，看到偌大而美丽的校园，看到熙熙攘攘的同学们，疲劳早已被抛到了九霄云外。我赶紧找到注册的地方，签名报到，交了一个月伙食费（五元，因享受助学金，学杂费十元八角全免了），领了课本。我被分到十一班（那年平中初中共招了十二个班）。宿舍在学校西边的余家祠堂。我挑着担子到宿舍，找到自己的铺位，放下担子，坐下来休息，这才发现肚子已经饿得前胸贴后背了，赶紧拿出带来的馍糍充饥。

同学们来自平阳各乡镇，都很友好，彼此很快就熟悉了。晚饭到学校食堂就餐，十人一桌。桌上放着一桶米饭和一大盆菜。大家拿出自己带来的碗筷，两个同学自告奋勇，一人分饭，一人分菜，分完大家就站在桌旁各吃各的。第一次以这种方式吃饭，我感到很新鲜。

晚饭后我和钱库的几位同学一起游览校园。学校坐落在平阳县城南面的凤山脚下，校门朝西，门前有一条小溪由北向南流过，溪外面是简易公路，再外面是宽阔的塘河。从校门往里笔直走，依次是泮池、红专楼、求是楼和实践楼。实践楼后面就是凤山。红专楼和求是楼是教学楼，实践楼是行政办公楼。两边还有不少房子，是食堂、宿舍，还有操场。泮池内养着荷花、金鱼，上面有带栏杆的拱桥可通行。校园内还有许多花草树木，大家都感到校园很美，心里很高兴。

从这一天开始，我在这里度过了整整六年的中学时光。

我从小喜欢读书，学习成绩好。也知道家里缺少劳力，生活困难，姐姐哥哥都因此不能上学，父亲让我上学，是对我寄予希望。而且我也深知，只有读好书，才能走出农村，改变这贫苦的命运。所以我学习一直都非常刻苦勤奋。

我抓紧一切时间用来学习。虽然每月要回家一次拿伙食费，但都安排在星期六下午上完二节课后再动身，星期一凌晨赶回学校， 从不误课；早、晚自习从不迟到早退；上课更是专心致志，认真听讲做笔记。学校一般一个月放一场电影，我很少去看，因为舍不得耽误这两个小时的晚自习。如果去了，也是边看电影边学习普通话。因为老家讲蛮话，平阳县城讲温州话，普通话需要好好学习。但课堂上许多老师，甚至语文老师的普通话都很糟糕。因此，看电影、听广播成了我学习普通话的主要渠道。我把数理化的重要定理和公式以及俄语单词，都记在小本子上，随身携带，有空就复习，连上厕所的时间也不放过。语文课中的诗词和名篇，我都能背诵。那时的教科书中有许多中外著名科学家的头像，我对他们非常崇拜，激励自己发奋学习，立志当科学家。由于我刻苦努力，成绩一直名列前茅。高中毕业时各科成绩都是五分（那时学习苏联采用五分制）。

勤工俭学

解放后学校的教育方针，开始是“使受教育者在德智体诸方面全面发展，成为有社会主义觉悟有文化的劳动者”；一九五八年“反右”之后，改为“教育必须为无产阶级政治服务，教育必须与生产劳动相结合”。据此，学生要学习政治时事，要参加政治运动，还要搞生产劳动，做到“又红又专”。学校办了农场、养猪（鸡）场，成立了修理、缝纫、理发等小组，每个学生都要参加一个项目，每周劳动半天或一天。

我开始参加理发小组，跟着学校理发室的师傅边学边干。记得师傅告诉我：使用推剪时，必须做到右手四指有节奏地捏放而手掌不动，这样推出来的头发才能平整；理发最忌一下剪就把两个鬓角剪高了，那样就无法挽回了；使用剃刀必须是移动的方向与刀杆垂直，才不至于刮破皮肤，而且每一刀都要刮得长些，不要短距离密密刮，那样皮肤会感到焦热而不舒服……这些要领我基本都掌握了，不仅在勤工俭学时为同学们理发，而且参军后还为战友和家人理过发。

到高中以后，就得参加农场劳动了。农场在万全区，离学校有十来里路。除了插秧、薅田、割稻等农活，还有一个经常性的任务就是把学校养猪场的肥料运送到田头。架子车上装满肥料，一人在前面把辕，一人在车旁协助（上坡时推车，下坡时用绳子拽着车）。有一次我与一位姓郭的同学搭伴，他掌辕，我协助。从学校到县汽车站这一段是上坡，我使劲推车；过了车站就是下坡，我还没来得及拉住绳子，车子就下坡了，速度越来越快，郭同学控制不住，眼看就要出事，我紧张极了！幸好前面有个土堆，他让车子撞上土堆，避免了事故的发生。现在回想起来，还挺后怕。

一九五八年，全民大炼钢铁，学校停课，在校园内设“高炉”炼钢，还到附近的金鸡山上炼铁。为了准备原材料，同学们到处寻找破铜烂铁，有的还回家去拿。许多同学端着脸盆、提着水桶到河沟里淘铁砂。高炉点火后，同学们日夜轮流看守。折腾了好一阵子，也没有炼出什么钢和铁，既耽误了功课，又劳民伤财。

后来又到桥墩水库劳动，为期三个月。主要是挖土、挑土，劳动强度很大，手上都磨起了血疱，肩膀被压肿了。可是修成的大坝几年后被大水冲垮了，酿成重大事故，总工程师被判刑。这也是“大跃进”造成的恶果。

我不反对劳动，也不怕吃苦，而且赞成学生应该德智体全面发展。但我心痛大把的学习时间被占用了，求知的欲望不能得到满足，心里有些抵触。

学路艰苦

那时国家为了帮助家庭贫困的学生能上中学，设立了助学金。助学金分伙食费和学杂费两个部分，每个部分都分甲、乙、丙、丁四个等级。甲等为全免，以下依次递减。我家人口多劳力少，困难较大，但成分是中农，因而所享受的等级不高。第一学年，我享受丁助甲免，即每月伙食费补助一元（全额是五元），学杂费全免（十元八角）。以后几年“助”和“免”的等级有些调整，但减免总金额大体没变。

对于这本来不高的费用，由于家里没有“钱”的来源，因而经常发生困难，甚至几乎辍学。首先是每月的伙食费没有保障。每到月底我就心里发慌，不知道下个月的伙食费是否有着落。到月末的星期六下午，上完二节课后，我就和几位钱库的同学一起回家拿伙食费。为了省钱，五十多里路全部步行，还为了省鞋，脱掉鞋子赤脚走。平阳到鳌江是沙石路面的简易公路，比较好走，只是脚底板经常会被小石子扎痛。鳌江过渡要花二分钱买票，有时为了省这二分钱，就帮船工划船。方岩下到钱库全是乡间的石板路，高低不平，不大好走，脚趾头经常踢破流血。走得口渴了，就进路边人家讨碗水喝。肚子饿了，只能忍着。到家已是晚上八九点钟了。由于路远，走得又快，我年龄小，个子也小，跟着大同学走这么远的路，非常吃力，有时大腿内侧会出现“溜血”（因为行走过度，毛细血管充血，以致皮肤上出现一大片红色），至今我的左大腿内侧还留有痕迹。

平时学习生活费用，则是能省则省，不能省就买最便宜的。记得刚入学时，看到同学们早起刷牙用牙膏。但牙膏比较贵，买不起。听说牙粉可以代替牙膏，便宜得多，于是我就买了牙粉来用。还有数学老师要求做作业要用钢笔写，而我当时只有铅笔，没有钢笔，又没有钱买。只好向老师请求暂用铅笔，等月末回家拿了钱再去买钢笔。为了省钱，我和父亲一起到钱库街上，找到一个修钢笔的小摊，让修笔师傅用旧的配件拼装了一支钢笔。这支钢笔我一直用到初中毕业。考上高中以后，姐夫送给我一支新钢笔，这支拼装笔才完成了历史使命。

高中时，食堂由包餐制改为买饭制。我的饭菜票经常断档，只好向同学借，有时干脆饿一顿。一九五八年大炼钢铁、大办食堂，家里也更加困难了，我面临辍学的危险。父亲当机立断，不顾年事已高，开始划船载客，赚些辛苦钱，供我和弟弟上学，这才使我读完了高中。

虽说我的求学之路已够艰苦，但有的同学比我还苦。班里有三个同学，因交不起伙食费，只得合伙买来煤油炉和铁锅，并自购粮食蔬菜，利用课余时间自己做饭吃。还有的同学长期靠刮饭桶底剩余的饭粒来充饥。更有不少同学因家庭经济困难而辍学。我这届初中招十二个班，毕业时只剩九个班；高中招三个班，毕业时只剩二个班。到了六十年代初，情况更加严重，三年大饥荒饿死了多少人！那时我已进军校，温饱不成问题。我感到自己还是幸运的。

体操运动员

我读书用功，也很重视体育锻炼，努力使自己成为德智体全面发展的人。学校规定晨跑、课间操等制度，我都认真遵守，积极参加。初二以后，宿舍由余家祠堂改到东岳观，比原先远了，离学校有三四里路。每天起床洗漱后，要集体从东岳观跑步到学校。路面是“三合土”加石子铺成，赤脚在上面跑，脚板被扎得很痛，脚趾还经常被石子碰破。不少同学跑一段就退下来，而我都坚持到底。经过一段时间锻炼，脚底板磨厚了，在石子路上跑也不觉得痛了。那时候不管是长跑还是短跑，都要脱掉鞋子，才能跑得快；跳高跳远也要脱掉鞋子，才能跳得更高更远。真称得上是一双铁脚板！

学校按上级规定，开展“劳卫制”（即劳动卫国制度的简称）达标运动。分一级（低级）和二级（高级），内容包括速度、耐力、弹跳力、军事体育等六项。我虽然年龄小，个子小，但在初三时就通过了一级，在高二时通过了二级。我是班里第一批通过二级的十二个人之一。学校还成立田径、篮球、排球、体操等业余运动队，我在高一时被选入体操队。男子体操包括双杠、单杠、鞍马、吊环、跳马、自由体操六项。体操是力量和技巧的结合，既要锻练锻炼力量，如手臂的支撑力、拉力，腿的弹跳力，腹肌的收缩力等，又要操练各种动作，掌握要领，做到准确熟练，并不断提高动作难度。我们每周集中训练一次，二个小时，都是利用下午课后的自习时间。一到规定的训练时间，队员们就到体操房，换上统一的背心、体操裤、体操鞋，一身洁白，朝气蓬勃，在体育老师的指导下，认真进行训练。学校有时还组织我们到校内外一些重大集会上表演。我高二时达到了国家体操三级运动员的标准（国家运动员等级分为少年级、三级、二级、一级、健将等五个等级），获得相应的证书和奖章。那时我左胸前经常同时佩戴三级运动员和二级劳卫制两枚奖章，颇为得意。

一九五八年九月，平中体操队作为平阳县代表队参加温州地区第一届体操锦标赛（地点在现在的台州椒江市，那时属温州地区），并获得第一名。后来温州地区在“大跃进”的浪潮中办起了体育学院，生源由各县推荐。平阳县体委推荐了我和其他两位体操队员。但学校没有同意我去，说是“成绩好，搞体育太可惜”（这是后来县体委主任对我说的）。其他两位同学去了半年之后也回来了，因为温州体育学院很快就下马了。

中学时期的体育锻炼，增强了我的身体素质，尤其是体操运动，使我的身手变得敏捷而有力，让我终身受益。

保送进军校

一九六〇年夏天，为期三天的高考一结束，学校就通知我和其他八位同学，已被保送上军校。至于是哪个军校，在哪里，学什么专业，都不告知，并要求三天后到温州军分区报到。这太意外了！高考前我填报的志愿是：第一清华大学，第二上海交通大学，第三浙江大学。后来学校管人事的老师找我谈话，大意是：现在国家大力号召向科学进军，新成立了中国科技大学，由郭沫若出任校长，钱学森、钱三强、华罗庚、严济慈等著名学者都在学校任教，该校许多专业是当今科技的最新前沿，建议我把第一志愿改为中国科技大学。我当然听从。但我从来没有想到要参军，要读军校！然而组织上已经决定，个人是没有讨价还价余地的，何况这也是组织上对自己的信任。据说只有确认祖宗三代政治上清白，本人政治思想方面没有问题，才有可能保送进军校。同时我还想：上军校也好，一是生活待遇肯定比地方大学高，完全不用家庭负担；二是军校学的是保密的高新科技，师资和教学设备肯定差不了。何况只要能够继续升学，得到深造，到地方大学还是到军校都是无所谓的。

我赶紧回家，告知家人。父亲很高兴，家里终于出了大学生，未来的军官，他的苦心和愿望得到了回报，我算是为他争了气争了光。邻居们也都纷纷表示祝贺，有的给我煮点心吃，有的送来鸡蛋。姐姐要给我准备行装，我告诉她老师说了，军校学员一切学习生活用品都是免费配发的，根本不用自己准备。我自己找出一个蓝布小挎包，装上几件单衣和洗漱用具，穿着汗衫短裤就上路了。姐姐送我到平阳。

我和其他几位同学一起，先到温州军分区报到，再到杭州省军区集中。我们这批保送生全省共一百人，来自杭、甬、温三个地区。军校派来的首长带领我们上路，但不告诉具体的行程和目的地。我们先乘汽车到金华；转火车到南京；轮渡过长江（那时还没有南京长江大桥）；再乘火车到西安；又转火车到咸阳；最后坐上学校派来的大卡车，把我们拉到位于陕西省三原县的空军第四高级专科学校（即后来的空军地空导弹学院，现在的空军工程大学）。从三原县城到学校，要经过一条很深的大沟，坡度大，拐弯多，颇为惊险。军队大学竟然在这样偏僻的地方，我若有所失，但想到这是保密的需要，也就释然了。

一下汽车，班主任来接我们。他是个上尉军官，并自我介绍姓雷，黑龙江人。他指挥我们整队、点名，把我们这一百人分为三个区队、十个小组，每组十人，并指定了区队长和组长。然后带到食堂吃饭。这是参军后的第一顿饭，主食是馒头，副食是白菜炒肉片、番茄蛋汤。虽然我们吃不惯馒头，感觉酸酸的，但由于几天旅途没有好好吃过饭，所以大家都吃得很香。

饭后分发军装，是全套崭新的空军军官服装：黄上衣、蓝裤子、大盖帽、黑皮鞋，还有衬衫、短裤、袜子、手套、挎包、水壶、武装带、被褥、蚊帐、床单、枕头套等，应有尽有。大家都很兴奋，纷纷戴上大盖帽，穿上新军装，扎上武装带，蹬上黑皮鞋，个个都成了年轻威武的军官。第二天放假，大家纷纷到三原县城照相馆照相寄回家。还领到了当月的津贴费（七元，按志愿兵待遇，比义务兵多一元），我立马给家里寄去六元，留一元给自己零花。班主任头一天已在小黑板上写出我们的通讯地址，并告诫大家写信千万不能涉及学校的事，要严格保密。

就这样，我在没有任何思想准备的情况下，服从组织决定，开始了二十七年的军旅生涯。

名师云集的“一小”

姜嘉镳

我于一九五二年十二岁时在温州市第一小学毕业（简称“一小”，现在叫广场路小学）。那时学校名气很大（调皮的同学，敢对周边的学校高喊：某某破学堂，先生老蛤蟆……），我的读书成绩却很差，上课从来没认真听老师讲课而老想着校门口那个长人的橄榄。长人长手长脚，脸颊很长，下巴也很长，提着一个长筒篮，里边铺上水灵灵的橄榄，叫人口水直冒。课听不进，老师的印象却个个铭记在心。

历史老师叫汪庸鹤，凸出的额骨下，戴一副近视眼镜，里边有一双灵动的小眼睛，谁开小差，谁准准会给他的笑脸逮住，你明明知道他不在看你，他却正在紧盯住你。那时正处在抗美援朝时期，汪老师编快板很内行，他知道我好动，就点名指定要我唱他编的《志愿军英雄蔡金同》：“人民功臣蔡金同，奋勇杀敌称英雄，英雄事迹着表扬，各位听过记心中……”时隔快七十年了我还牢牢记住呢。后来听说汪老师语文程度好，就调到温二中当语文老师了。有一次同学会，我们还特地到温二中去看他呢。

班主任吴步云老师兼教语文，他窄窄的脸颊，微尖的下巴，文质彬彬，戴一副细框近视眼镜，从来不发脾气骂人。我们读六年级时，正是他结婚的日子。礼拜天，一大班同学哄到他家里闹洞房，一个同学不小心把崭新的痰盂捣破了。大家心情非常紧张，纷纷凑钱买新的赔他。吴老师却婉言谢绝了。一九六二年，我班毕业十周年同学会，吴老师兴冲冲赶来与大家合影留念。这时我们才知道吴老师已经是温州一中的总务主任了。

音乐课老师叫金振勋。这是我最喜欢的课。金老师身材魁梧，天庭开阔，下巴微凸，嗓音洪亮，上课时，他踏着风琴唱一句大家跟一句，我也憋着嗓音吼得很响。当大家跟得熟练时，他就站起来挥动着手臂指挥唱起新歌来，我也唱得更快，甚至抢拍跑到前边去了。往后但凡音乐课，我就早早进音乐教室等候。金老师也很喜欢我，有一次竟然叫我去买香烟呢。喜从天降，我得到了老师的“重用”觉得无限荣光，就拼命三脚并作两脚往校门外跑去……数十年之后，我居然接到一个陌生人的电话，一经自报家门，喜出望外，原来是金老师，那洪亮的嗓音勾起我对小学生活的亲切回忆。不知何时他调到瑞安师范任专职音乐老师了。一九九五年，我从温州师院艺术教研室调去负责筹建温州师院音乐系，往后他就常来电话向我推荐学生呢。

体育老师叫陈鸿年。他身体肥胖，脸也肥胖，眼睛眯成一条线。上课整队时，他一声：“立正！”同学们一列横队，昂首挺胸，整齐划一。他体育技巧样样在行，特别是投篮，双手紧抱住篮球用手腕一托，万无一失准进了球网。他的体育水平在温州市体育界出类拔萃，后来就调到温州一中教体育了。

还有给我印象深的图画老师杨景艺。他中等身材，腰身挺直，头部向前，像是腰椎有毛病，走起路来屁股有点翘。那时学校正筹备抗美援朝大

温州市第一小学一九五二届毕业十周年同学会，一排左三班主任吴步云，三排右二为作者。

游行。海、陆、空军的军帽都由高年级同学自己做。我们班正轮到做难度最大的空军飞行员的帽子。杨老师拿来竹篾，心灵手巧，不一会儿就扎成一个头形的轮廓，然后在周边用皮纸糊好，最后涂上棕色颜料，宛如飞行员的帽子。大家就七手八脚照样画起葫芦来。

游行的日子到来，同学们穿上整齐的白衬衫，戴上棕色航空帽，齐刷刷地上街了。那游行的队伍就像经过天安门城楼的观礼台一样庄严雄伟。游行正带劲，不一会儿却下起雨来，我们并没有退缩，依然挺起胸膛并且唱起豪迈的歌："你看，擦擦步伐多整齐。你听，英雄歌声都嘹亮。他将飞机盘旋在蓝天，我们保卫祖国的战斗员。冲上前！不退让，为祖国，保家乡，我们已经扮作，人民的海、陆、空军……"那天大雨冲得棕色航空帽染遍了白衬衫，但同学们却毫无怨言。

杨老师美术创作很有成绩，后来就调到中学里当美术老师了。另外，由于他坚持业余创作，文化宫、江心屿等公共场合常出现他的画作，久而久之，他就成了温州市有名的民俗画家。

还有一位胡文海老师，他教自然，瘦瘦的身材矮矮的个子，轻轻的嗓音和颜悦色，经常端标本到课堂，给我们留下很深的印象。后来他调到温七中教生物，还开辟了百草园，种了很多中草药，有老师同学碰到头痛脑热的纷纷找他抓药，什么"白脚膜依""落地金田"，一喝就灵；他还成了七中的老寿星呢。

除此之外，还有教算术的汤老师和教地理的韩树横老师。汤老师瓜子脸，红冲细白，和蔼可亲，板书清晰，有条不紊。韩老师讲课上下颚不时咬动，有些怕人，因为我老看他的嘴巴，讲什么就什么也没听进了。

最后说说校长陈松培。他身体壮实，站在讲台上作报告，振振有词，从不拖泥带水，没多久就调到温州市教育局当副局长了。

回忆儿时生活甜蜜而亲切。教我的语文、算数、历史、地理、自然、音乐、体育、美术老师几乎全都身怀绝技。所以，当人们问起我什么小学毕业时，我就骄傲地声称——“温州市第一小学！”因为那里名师云集！可是说句心里话，空空然没有向云集的名师那里学会一点书本知识，基本技能却让我学会不少。七十年过去了，许多老师已经作古，我这个年届耄耋的老顽童，再也学不到老师苦心经营的本领了。明代有一位诗人叫钱福，他写了一首《明日歌》：

明日复明日，明日何其多。
我生待明日，万事成蹉跎。
世人若被明日累，春去秋来老将至。
……
晨昏滚滚水流东，今古悠悠日西坠。
百年明日能几何，请君听我明日歌。

所幸，我上中学、读大学时，在《明日歌》的启迪下，幡然醒悟，改邪归正，狠狠补回许多知识，终于成为社会上能派上用场的螺丝钉，要不就成了一堆废物了。

二〇二〇年十二月三十一日改成

六年的复旦大学日子

章时趋

一九六四年九月一日的午后，我从十六铺挑着行李走到街上，只看到上海外滩车水马龙，人头攒动，对这个场景傻了眼，从未见过如此密集的人流车流。大概挑了四五百米的样子，到五十五路公交车站，严同学向售票员打招呼，照顾一下搬行李，售票员还客气，说放到后边一些。一路颠着走，到五角场就是终点站，下了车又要挑四五百米，到复旦大学第十宿舍入门。入门不久就迎来接待站，经济系的两人看了我俩的报到证，登记了一下，说有人领我们去七号楼，我和周同学住在三二八号房间，此间是迟来者住，朝北很热，上海的湿度大，越发闷热。一路劳顿终于安定下来了，赶紧到洗手间里擦了身，舒服多了，铺好床一头就栽在床上呼呼睡去。到了五点钟，有人叫，浙江的起来去买饭票吃饭，饭票是一张卡，一个月要十五元，我吓坏了，说我没那么多钱。卖票人说，先买十天吧，你们可能会发到助学金的，到时再拿助学金来买饭票。这一下我心安多了。对农村来的学生十五元是个大数，我自然是吓了一跳，后来才知道，这是周总理专门点的，大学生要吃好，每人每月加粮油。过了一周班主任就宣布了助学金，我是甲二等，高兴极了，吃了饭还剩三元钱，买洗刷物品、文具和寄信的钱都有了，大家都高兴。班上有四分之一的同学没有助学金，大多是上海人。后来才知道，家庭收入人均达到二十五元的，就没有助学金。助学金最高二十元一月，最低的九元，是根据家庭人口和父母收入决定的。我赶紧写信告诉妈妈平安到达和拿到助学金等情况，让她高兴。几天下来，感到食堂的伙食极好，比农村的过年还好，一毛五分钱可以吃到大排、大肉或两个荷包蛋、油煎带鱼、鲤鱼等好东西，主食有馒头、包子、白米饭、粥等。还有自打的小菜蛋花汤。这样的伙食，一年下来到暑假，也就十个月，体重从八十二斤重到一百十二斤，长了三十斤，身高也从一百五十五厘米长到一百六十一厘米，比养猪还长得快啊。暑假回家，连妈妈和弟妹们都不认得了，带去的衣鞋都不能穿了，带回家给弟弟们穿，妈妈高兴极了，总长不大的我也终于长成一个小伙子了，村里人看到很赞许，说读大学真好。

复旦大学位于上海市的东北郊，上海的土地寸土寸金，但也舍得给了很大的校园。以邯郸路为界，分为南北校区，北部是教学和学生生活区，南面有一座标准操场，其余都是教职工生活区和商铺等。复旦的校歌核心内容是“旦复旦兮，日月光华”。整个校园分新、老两块。新区以物理楼为主楼，两边分布化学、生物、新教学楼和图书馆等，东边是十一幢很大的学生宿舍楼。西部是老区，这里除了一些很漂亮的楼宇，如教学楼、经济和中文楼等，还有称之为登辉堂的大礼堂，有一大一中两个大草坪，大的草坪有足球场宽，比足球场长多了，绿草由修剪机剪得平平，如茵如绒如毯；小一点的草坪在教学楼前，是大草坪的三分之一大，也一样漂亮。整个复旦校园绿化很好，道路两边的树都比较大，每年修剪整型，每幢楼都有一些常青树栽得很密。特别是中央大道光华路（我们当时称复旦南京路）东西走向，两边的梧桐树很大，夏天很阴凉，秋天落叶了，冬天的太阳又晒得很暖和。几幢大楼是红砖外墙，树是浓绿，相衬之下十分养眼漂亮。物理楼前化、生楼和图书馆、教学楼之间也有两个大草坪，一片绿油油的。行道树边上也栽了樱花、茶花、桂花、月季花、白玉兰等花，四季间开着众多花朵，不仅色彩斑斓，还飘着诱人的花香。桂花开放的秋天，校园沉醉在桂花四溢的香气之中。光华路的西头园分两岔，一岔老校区，一岔去物理二系，它有核物理的实验装置，属密级区域，因为有卢鹤绂先生主持，后来有他的著名学生杨福家等人，因此复旦的核物理专业是很有水平的。路的岔口处，立着一块不大的石头，上面刻着“博学而笃志，切问而近思”（出于《论语 · 子张篇》）的校训，校训激励着全体学子努力学习，博学多才，坚定志向，问明道理，思考深刻，必成大器。当我遇到难题和窘迫之事时，就想起校训，下定决心去解开难题，攻下难事，改变境况，求得自如。后来送大儿子到复旦大学，进了校园，美景依旧，十分感慨和亢奋。现听说，复旦大学拿到当年废弃的江湾机场的一块不小的地，做新发展区域，那里的建筑物和校园就更加美不胜收了，真想去看一次这个漂亮的新校区。

开学上课了，拿到课程表就傻了眼了。第一年的课程，除了必读的政治经济学（资本主义部分）外，其余的是外国经济史，统计、会计、中共党史、国际共运史、俄语（与英语生分班）、写作（由中文系老师来上），每学期还安排两周去郊区农村搞农业劳动，帮挂钩公社夏收夏种和秋收冬种。一看真不知大学是干什么的，一位义乌同学还带来了一把大算盘。后来，班主任和指导员，以名教授给我们的班会讲专业思想，这些是经济学系新生的基本功，接下来的政治经济学（社会主义部分），以及中国经济史、工业经济、农业经济和世界经济、国民经济、经典著作选读及精读，都是经济学系学生的必修课，正如校训“博学而笃志”。只有掌握了这些基本知识，才能认识社会，理解社会，管理社会。知识像蕴藏地底下的泉水，要用时就像泉水涌现一样，不学基本知识，你的内心是干涸的，后来在工作中也真是如此。

一旦心里明白后，学习也在努力加码上进，一年下来，保持着一个全班的优秀生状态，也深得班主任、指导员和任课老师的喜欢和爱护，后来与几位年轻的老师成了私人朋友，真是良师益友的关系。第二年，系里也在探索教学改革，将班里成绩优秀的四男一女五人，开了一个小小班，每周两个下午和周末半天，集中到系里的经济史与思想史教研室里，由知名教授给我们开额外课，系里有人说，这是小“研究生”班。这一年老师讲了《资本论》是如何写出来，主要论述了什么。讲了凯恩斯主义的基本思想与理论，对资本主义国家的作用；讲了资本主义的托拉斯和跨国公司，国际金融市场（以伦敦为例），国际贸易及汇率关系，美元为什么脱离金本位制，什么是修正主义，苏联和东欧的铁托等修正了什么等。这些知识对我后来的工作带来极大的用处，真叫长知识了，从此也积蓄了才干。小班的教学也是很民主的，给时间由我们自己展开讨论，大家的理解不一致，争论也十分激烈。这一段学习是十分紧张的，但也是十分有幸和愉快的。其他的同学对这个小班十分羡慕和妒忌。

期中到宝山县的罗店公社去劳动，看到这里农民的农活比我老家先进得多。他们油菜不是种的，是育秧，长到十多厘米时，拔起来运到田里栽播。他们说，这样每株油菜空间一样大，移栽后根长得深又发得多，吸收肥料、发根深不怕倒伏，空间一致，每棵都长得一致。第二年来收割时，确实每株一致，菜夹子饱满又长，果然产量高多了。小麦也是畦播，不是分条播，每亩的基本棵数，要多一倍，当然收成好了。这里的公社每次广播，报告气象，天晴下雨，农活要注意什么。病虫害一发现，就广播如何治虫除害，而生产大队又是统一施农药，虫害治得很彻底，效果很好，不像我家山区，没有指导，也没有统一，因此效果很差。后来我在县里任职时，这些知识差不多都用上了。

这时，我给家乡的恋人写信也较多，除了讲想念她外，主要是鼓励她努力学习知识和技能，也遐想一些将来的生活。其间，她的学徒生活补助费每月仅八元，她到家里拿点东西去吃用，几个月下来还省下给我汇寄五元钱，虽只有少许钱，但特别令人感动，未成婚已是相濡以沫了。我们两人同岁，相差只有几天。我也深知，班里女同学不多，最小的也比我大一二岁，大的要大我四五岁，女同学绝无可能，那时的大姐姐绝不会与小弟弟谈上恋爱。现实的想法是，娶一个同龄人是比较合适的。有了这些，心里十分安定，绝无其他心思，一心一意把书读好，成为一个对党和人民有用的人。

一九六六年五月十六日从中央广播电台传来的广播，听到中央做出开展“文化大革命”的决定，听了虽有振动，但又觉得这是中央的事，我们还是在学校读书呢！……婚后不久，我也回校说是参加斗批改，可我想不通这一套，学校里老几届老生走了，又没招新生，宿舍空得很，我说患肝炎，一人住北面独自一人一间，门上贴一标语：“肝炎病房，旁人莫入”，谁也不敢进入，这个可舒服了。我对“文革”不理解，于是拿了《资治通鉴》《吕氏春秋》《史记》及《三国志》等猛读起来，后来又借英、法史和美国南北战争史等书，目的是从史书中寻找“文化大革命”起因答案……

读史书找不到“文革”发生的答案，为今后回家挣口饭吃学点谋生本领，于是去买了全国由五中医院统编中医专业的教科书，有中医学概论、中医内科、妇科、伤骨科学及中医方剂学、中药学，还有《伤寒论》《金匮要略》《千金方》和《本草纲目》等一大批书。每天六时起，十二时睡，一边读，一边作心得笔记，实在不懂的就写信问父亲，家父当了一段时间的编外教授。学习颇有心得，甚至懂得了《黄帝内经》中的“亢则害，承乃济”的基本道理，从阴阳五行、五运六气、十二经络学起，直到记住方剂、中草药的名字、用途、使用分量等，以及中药中相互配伍、相克相害的切记内容，边读、边记、边写在该书本上，感到中医是可学的，今后只要接触临床，一定会有长进，还可以请教父亲老先生。与此同时，为了调节脑体和精神，又抄写了《唐诗三百首》《宋词三百首》以及《增广贤文》《三字经》《百家姓》《千家诗》《幼学琼林》等书。这些抄本大多还保存在书橱里。度日如年，到一九七〇年七月，学校终于宣布我们毕业。

（节选自作者遗稿《大山的儿子》，章格致、章鹏远提供）

读先师夏瞿髯先生的一则日记

陈增杰

数天前，礼阳先生微信发来《夏承焘日记》一九七五年四月廿六日："温州师院陈增杰偕杭大毕业生□□□来，问法家陈龙川诗词。"校注："此处原稿留白。"见询：空阙三字其谁?

时间长久了，一下子难以想起，但文中"法家"两字提供了线索，让我忆起四十五年前已经尘封的一段往事。

一九七五年春，"文革"进入"复课闹革命"阶段，我那时任教温州师范专科学校函授部。函授部承担温州地区中学教师的进修授课。以前的教材都不能用了，新的教本又未能及时发来，而课要开讲，只得靠自己动手编写。函授部语文组先后编印《马恩列斯和毛泽东著作选读》《毛主席诗词解读》《鲁迅作品选读》几种，分发各县学员；古代作品是被作为"封建糟粕"封禁的，未敢擅作安排。

当时的政治界、学术界都在开展"批林批孔""儒法斗争"的大批判、大论战。有一天，我看到《光明日报》以"法家诗词"标题选刊几位

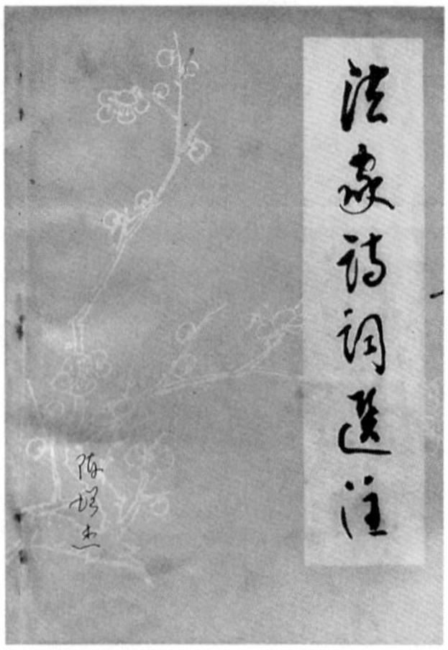

《法家诗词选注》，温州师范专科学校函授部语文组选注，一九七五年十二月印行，封面题签苏渊雷先生。

古代诗人的作品，加以注释介绍，说读一点法家人物的文学作品，对于“促进无产阶级文艺革命”，是有一定意义的。接着《浙江日报》以整版篇幅登载《法家诗词选刊》，这在那个年代特引人注目。我又看到当时仅有的几种期刊，如上海出版的《学习与批判》，连续发表所谓“法家诗人”如王安石、陈亮等的评论文章。因此我想到，是否可以编一本《法家诗词选读》作为教材，让学员借此机会接触和学习古代文学作品，提高这方面的知识水平和阅读能力。我一直认为，古文、古诗词是基本功，是中学语文教师必须跨越的一道门槛，而由于“文革”的耽误，年轻同志在这方面确实太欠缺了。我的提议得到语文组教师的赞同，组长叶国梁先生予以首肯，谦言自己不谙诗词一道，委托让我具体执行。我搜集并参阅了有关资料和文章，细加斟酌，从当时认定的法家和具有尊法反儒倾向的进步诗人中，初步拟定入选作家和作品，制订编选体例。经全组讨论，最终确定二十位诗家的一百首诗词，他们是：

> 屈原（二首）、刘邦（一首）、曹操（五首）、武则天（一首）、李白（八首）、柳宗元（九首）、刘禹锡（十三首）、李贺（九首）、李商隐（六首）、王安石（十一首）、辛弃疾（四首）、陈亮（六首）、张居正（二首）、李贽（五首）、王夫之（二首）、龚自珍（九首）、魏源（二首）、严复（二首）、章炳麟（一首）、秋瑾（二首）。

这份名单，现在来看，会令人觉得奇怪，或者说多少有点滑稽。为什么给这些作家贴上“法家诗人”的标签？天晓得！那是根据当时的认识和标准，只能说是历史留下的印记。

全书体例，分作者介绍、作品注释、全篇说明（评述）几个部分。由语文组叶肇真、陈继璜、陈增杰、陈鹤鸣、郑征庄五位教师分头执笔，协同合作。叶先生统筹全局，最后由我和陈鹤鸣通读全稿，统一全书格式。夏先生日记记的就是在本书编写的准备阶段，我和陈鹤鸣（杭州大学中文系一九六四年毕业）两人前赴杭州、上海等地访问取经。夏先生写有《龙川词校笺》，因之登门询问陈亮诗词的有关问题。

我执笔写的《后记》署一九七五年七月，大约这时已经完稿。但由于排版印刷的困难，捱延数月，直至年底方才校定全书。我的日记记云，十二月二十九日去函平阳请苏渊雷先生题写书名：《法家诗词选注》。好在那时还没有什么严格的出版管制，也不需申报批准号，这样到一九七六年一月就顺利出印。共印六千册，主要供给各县函授学员，少量用作国内院校交流；同时发函开展征订，省内外教师进修学校及个人订购者不少。

《选注》印出后，反映不错，大家对古典诗词是久违了，所以特有新鲜之感吧，广受欢迎。我送书给梅冷生先生，王景逊先生看到了，即索要一本。王先生阅后甚加称赏，亲口对我说：虽为顶着“法家”名义，选的尽是好诗，说解亦颇得当。他特别举了所选王夫之《续落花诗三十首》之十二：

> 彩云欻倏散还休，款款萦萦倍惹愁。嫩蝶攀援拟借蔻，狂蜂轻薄讵安榴？徒钻故纸唯糟粕，欲扫讹书苦校雠。一洗青林烦夜雨，白蘋碧杜亦芳洲。

本书译释：落花如果像彩云一下子就消散了，也倒还罢了；她在微风中缓缓地回旋谢落，那缠绵的样子，真会加倍地触引爱花人的忧思恨绪。蝴蝶的幼虫准是凭借豆蔻，才得以爬上高高的枝头；轻薄的狂蜂怎能安稳住石榴的花朵，不受损坏。古书中充斥着糟粕，自己的钻研只怕是徒费心血；要想扫清历史上所有的伪书谬说，却支付不起时间和精力。青葱的林木纵经夜雨的洗涤，摧残殆尽，而那遍满白蘋碧杜的绿洲，就是我理想中的芳园。

评解：据作者《正落花诗十首序》推定，本组诗写于清顺治十八年（一六六一），此时南明政权已告覆亡，大陆抗清力量也已被清统治者扫荡殆尽，作者在反抗斗争失败后隐居致力著述。诗中以“落花”为喻，不断牺牲的抗清志士，触动了作者的忧思恨绪。三句“蔻”谐音“寇”，暗指敌寇（清朝贵族）；四句“榴”谐音“刘”，代指汉族政权。此联以双关手法，借对“嫩蝶”“狂蜂”的描写和揭露，痛斥追逐私利的腐朽官僚和卖国求荣的投敌者。五六句叹息自己徒然钻研学术，无补于救国事业。

结末用“托意香草”的笔法，寄托美好理想，表达自己坚贞的意志。

王先生说，这首诗是不大容易读懂的，经过这样明确切当的诠解，揭明奥义，十分透彻，为功不少。王先生如是之评价，对于编选者是一个很大的鼓励。

夏先生的日记用语很有讲究，其云“问法家陈龙川诗词”，“法家”二字寓有微义焉，不经意中透露出了那个特定时期的政治运动情势。

打着“法家”旗号编写的这本小书，在文化遭受摧残的那个畸形年代，不过是借新瓶装旧酿，夹缝里求生存，曲线施教，实出无奈之举。我们之所以叨絮往事现在还提起它，是想作为历史的教训而存照，昭示世人。

二〇二〇年十二月三十一日

要想热闹　办刊办报

——新时期温州文艺界办刊办报始末

刘文起

“要想热闹，办刊办报！”这是文艺界不成文的条律。事实上，文联工作的宗旨，说抓出人才、出作品，繁荣文艺创作，其他都是虚的，只有办刊物、办报纸，那才是实的。不光是实的，并且是可以闹腾出非常热烈的繁荣局面来的。你看，办刊办报可以组织写作队伍，可以办笔会、研讨会，可以改稿、发稿，可以出刊、出报，可以发行、推销等，要怎么闹腾就怎么闹腾。因此，温州文艺界，特别是温州市文联，刊物、报纸办了又停、停了又办，至今办过的刊物、报纸有十来种了。真是闹腾闹腾再闹腾，而闹腾得最热烈之时，便就是温州文艺事业最繁荣之日。

新时期以来，温州办得最早的文学刊物，应该是温州地区文化局主办的庆祝新中国成立三十周年的《征文选刊》。

那是一九七八年的时候，为庆祝一九七九年中华人民共和国成立三十周年，全国从地方（县级）文化局到文化部下属，都成立征文办公室。发动广大文艺工作者，积极创作文学、美术、摄影、书法、音乐、舞蹈、戏剧、曲艺等作品，出版专刊专集，为一九七九年的国庆三十周年献礼。其他门类的不说，就文学方面，温州地区文化局就专门成立了征文办公室，由叶荣镇具体负责。与上头相对应，温州地区下属的各市、县文化局（那时还没有文联）也成立了征文办公室。我因被抽调到乐清县文化局征文办公室工作，故与地区文化局征文办公室联系较多。记得温州地区文化局征文办公室做了许多组织发动工作，如发“征文启事”、征稿组稿等。还在雁荡山灵岩招待所举办了改稿学习班，参加者除我以外，还有来自各县的文学创作骨干朱春涛、朱月瑜、孙伟权、吴天林、林长产等二十余人。叶荣镇（还有其他老师，可惜我都忘了）对大家提供的初稿提了修改意见，我们都作了修改（我后来发表在《西湖》上的小说《美容》就被修改成《美蓉》）。在这基础上，地区文化局征文办公室于一九七九年国庆前出版了《征文选刊》，发表的小说有我的《美蓉》，王瑞金的《桃花水发的时候》、吴天林的《宝贝》、朱春涛的《莫嫌他》、林长产的《一个贫农的女儿》、孙伟权的《修线路》、陈康瑾的《一个没有留下遗产的人》、张文彬的《吟松》等。还发表了杨奔、方宣清、齐霞的散文；张鹤鸣、叶逢林的民间故事和林长春的寓言等。在地区文化局征文办公室的带动下，各市、县的征文办公室也发动当地作者写稿投稿，也各自都出了《征文选》。那期间，整个温州地区因“文革”而萧条下来的文艺创作，开始重新活跃起来，一度出现千军万马过文学这座独木桥的繁荣景象。这是粉碎“四人帮”后第一次因闹腾办刊物而出现的第一个热烈的文艺创作繁荣时期。

《征文选刊》仅办一期，过了一九七九年的国庆节就停刊了。后来，温州地区文化局在一九八一年创办文学刊物《瓯海》，由文化局的创作研究室负责。与此对应，温州市文化局（那时地市分开，还没有鹿城区）也创办了文学刊物《瓯江》（后更名为《文学青年》）。《瓯海》出刊前，

文学艺术培训班结业留念。

上世纪八十年代温州办的一些文学期刊。

曾在雪山饭店举办了作品加工会，我和王瑞金、尤文贵、林长产、王俭美、郑朝阳等人都参加了。那个会议很有影响，浙江文艺出版社拟创刊的《东方》丛刊的编辑白刃都到场组稿。会后刊出的《瓯海》第一期，发表了叶永烈的《彭加木传奇》（连载），我的小说《生命·价值·闪光》、林长产的小说《当家做主》、项有仁的小说《花生上市》、郑朝阳的小说《菱菱姑娘的喜糖》，及王俭美和王瑞金的报告文学《悠悠江流水——离职女教师周静梓的足迹》等。这期文章中除了我的小说《生命·价值·闪光》改名为《三个大学生》被《东方》丛刊创刊号转载外，尤文贵在会上写的小说《第三者》也被安徽的《清明》丛刊发表，王瑞金的小说《桃花水发了的时候》被广东的《作品》发表，王俭美的报告文学好像也被浙江省作协的文学期刊《江南》转载。为最初的温州作家走出浙江走向全国，《瓯海》杂志功不可没。

《瓯海》到底出了几期呢？记不清了。印象中没出几期就停刊了。因为当时温州地、市合并，温州市文联成立，办刊是文联的事情了。

正儿八经地办刊物，那是一九八一年十月温州市文联成立以后。

温州市文联于一九八一年创办文学双月刊《春草》。与此对应，温州市群艺馆也办了个文学刊物《园柳》。《春草》是纯文学杂志，《园柳》开头也发诗歌、散文、小说，后来改成专发武侠、传奇之类的通俗文学杂志了。两个刊物的取名一看就知道，都来自谢灵运的诗句："池塘生春草，园柳变鸣禽。"《春草》有没有办笔会呢？我记不起了。但第四期中，却是发表了我的短篇小说《管阿灵升沉记》（此文后被《鸭绿江》转载）的。同期发表小说的，还有王瑞金、胡小远、陈革新、林成行、沈绍铮等。印象中《春草》只办了四期，不久温州市文联就接收了原温州市文化局（因撤市没了市文化局）主办的文学刊物《文学青年》，文联的刊物就叫《文学青年》了。《文学青年》是有公开刊号的全国发行的文学月刊，一共办了五年多，最高发行量为八万多份，与四川的《青年作家》、上海的《萌芽》、南京的《青春》齐名为全国著名的青年刊物“四小名旦”。办《文学青年》的闹腾，那动静响声可是真大了，大到响遍了中国的半边天！笔会等文学活动，请来的都是大咖，全国闻名的青年作家，如梁晓声、傅天琳、舒婷、铁凝等。发表作品的作者也都是后来很有名的作家，如余华、雁宁等。《文学青年》举办的文学讲座，来讲的都是全国著名的评论家，如李劼、朱大可等。这还不说，一九八三年创办的《文学青年》函授，那不仅是全国首创（或是二创），而且规模也独一。招收学员四万多，聘请导师几十名。函授部办一个与《文学青年》同名的函授版杂志，专发函授学员的作品。学员多、来稿多，每天到邮政局拉信件稿件的三轮车都要二三趟，信件麻袋装，倒地下堆积如山，专门聘请来拆信回信的工作人员都有十几个。《文学青年》的函授，成就了许多后来驰名文坛的文学新秀，在全国影响很大。许多后来的知名作家都称自己是《文学青年》函授的学生。可就是这么好、影响这么大的一个文学刊物，不久却被“扼杀”了。一九八七年，在与发行量更大、经济效益更好的《园柳》竞争中，《园柳》因财大气粗，又会跑部门，得以保留。《文学青年》因书生当家不会走门路、不会花钱找人，终于以某期封面女郎形象过于暴露而被省里责令停刊。当然，《园柳》也好景不长，没过多久，也因涉黄涉凶被宣布停刊。这才叫作：窝里斗没赢家，两败俱伤！温州风行一时的两个全国发行的杂志全没了，一时间，闹腾了五六年、并在全国都掀起过轩然大波的温州文坛又归之于沉寂了。

不过，喜欢闹腾的温州市文联自然不甘寂寞，于是市文联组联部又创办了一张小报：《温州文艺报》，由吕人俊负责。《温州文艺报》八开八版，除了刊登文艺界信息外，还刊登一些诗歌、小说、散文。与此同时，温州作家协会也由叶坪负责创办了《东南诗报》。这两张报纸（可惜找不到存报了）也内部发行了几年吧？其间也搞过温州全市诗歌评奖之类活动，造成一定影响也闹出了一点矛盾，但毕竟都是小打小闹、死水微澜。

《温州文艺报》和《东南诗报》是何时停办的呢？我记不清了。据叶坪说，是批判“精神污染”期间停办的。那么，这两张报的寿命也只有一二年吧。

又能掀起一点波澜的第三拨闹腾，是一九八九年六月温州市第三届文代会以后。

那时，我刚从乐清调温州市文联任副主席兼秘书长，想做点事。就觉得文联不办报刊太寂寞太无所事事了，就在一九九〇年将《温州文艺报》改为《温州文艺》杂志（后改名《温州文学》至今）双月刊（后改季刊）。《温州文学》前几年没有稿费，后几年至今才有稿费。筹办《温州文艺》时，我正在平阳钱仓工作队半年。利用这个机会，我在时任龙港镇镇长的我的大学同学李其铁的帮助下，在当地几个乡镇筹募了几万元钱作为启动资金。《温州文艺》创刊后我当主编，具体负责的先是张执任后是吴琪捷。杂志以培养本市作家为宗旨，两位负责的编辑都是原来《文学青年》老编辑，编这么个内刊自然是轻车熟路。他们动了许多脑筋，开辟了许多栏目。如轮流出各县作品专辑，如老作家指导写作专栏中刊登了林斤澜的《乡书》《乡音》等，如作家说作家专栏里刊登了《理解兆铮》《我说丹华》等，都有一定的影响。值得一提的是，依附于《温州文学》刊物，温州市文联于上世纪九十年代初创办了《少年文学报》，并借《少年文学报》举办了小学生写作培训班。这一招办刊办报又办培训，一下子就活了、红火了。培训班最多的时期招收学员几千人，在下面设教学点的学校有十几所，如瓦市小学、水心二小、广场路小学等。请来上课的作家、老师有几十位，有中学里高级教师，大学里的写作教师等。金江先生也都来给学员上课。《少年文学报》的最高发行量是四万多份，比当年的《温州侨乡报》都多。为此，《温州侨乡报》专门开设了中小学学生的专栏“瓯江”，请我任栏目主持人，以吸引学生作者和读者。《温州文学报》我们自己编印，自己发行，又由我们自己分头送到全市各县上百个学校。那期间，温州市文联门庭如市、热气腾腾。大家忙于请教师上课、管理学员培训、印刷发行报纸，闹腾得整个文联大楼鸡犬不宁，大有当年《文学青年》复刊、《文学青年》函授重来的感觉。在市文联的《温州文学》带动下，各县市区都办了文学刊物。乐清有《箫台》，瑞安有《玉海》，平阳有《南雁》，苍南有《南窗》……那一阵，温州市和各县市区文联一起闹腾办刊办报，整个温州文艺界，又闹腾出一片文艺繁荣的新天地来，让人感觉，又一个文艺繁荣的小阳春到来了。

这就应了文艺界的一句不成文的行话来：要想热闹，办刊办报！

二〇二〇年十二月五日稿毕

沉痛悼念颜逸明先生

章志诚

真是“天有不测之风云，人有旦夕之祸福”呀！温籍全国著名语言学家、山西省社会科学院终身研究员、《语文研究》主编温端政先生于二〇二〇年三月二十三日晚七点三十分在温州市中医院逝世后不到三个月，又有一位温籍语言学家，华东师范大学中文系教授颜逸明于二〇二〇年六月十八日下午二时二十一分在上海市第六人民医院辞世，终年八十九岁。这位老先生辞世的噩耗传来，令我悲痛，他也是我在抗日战争后期和新中国成立前的初高中（浙江省立温州师范学校普师部）上下年级的同学、好友。在生前，他和我交往频繁，不仅有互通电话、书信往来，而且还有编著互赠、互相勉励，亲如手足。他住在上海市中山北路华师大一村二一四号二〇一室，我曾多次去过他家。他来温州时，也曾住过寒舍，还送给我一对木棉枕头，令我知道，我给他睡的枕头太矮，我向他表示歉意。他笑笑，还说：“我们是同学，枕头高一点，是高枕无忧呀！”他说话十分幽默，至今难忘。

一

颜逸明，一九三二年一月八日出生，幼名广济，而人呼阿济。他高小毕业时，老师说广济，和尚名，嘱改逸明，人或称逸民。平阳县萧江镇人。

萧江，位于本邑西南部，距县城十四公里。东与苍南县凤江隔江为界，南与苍南县仓桥毗邻，西与后林乡接壤，北与钱仓镇和桃源乡隔江相望。

萧江，古名曰“古院里”，又称“萧家渡”。它是南宋萧振的故里。据《宋史》卷三百八十载：“振居濒江，自父薇时，见过客与掌渡者争，多溺死。振造大舟，雇工以济，人感其德，相与名为萧家渡。”后因“家”“江”同音，渐演为萧江。颜逸明父亲及其先辈居萧江镇，以服农、经营小商业为生，家庭经济虽不很富裕，但其生活尚可温饱。

二

颜逸明在萧江镇中心小学念完高小课程后，于一九四五年春，报考平阳县南雁初级中学（今平阳县第二中学前身）。他被该校录取后，编为春季班。同年七月，我自平阳县宜山镇中心学校（今属苍南县）高小毕业后，赴鳌江镇乘航船沿江而上到北港水头街，行程七十华里，报考平阳县南雁初级中学（以下简称南雁中学），我被录取后被编入秋季班就读。南雁中学创办于抗日战争时期，日军铁蹄难以踏入，安全系数比较高，所以那些沦陷区的大学教授、中学名师纷纷来南雁中学任教。一九四五年八月十五日日本帝国主义无条件投降后，还有一些中学名师仍留在该校任教。

如北京人任博悟（美术老师）、王叔泉（英语老师）、陶界亮（英语老师）、徐存丰（英语老师）、朱正（英语老师）、钱衍（语文老师）、赵文祥（语文老师）、洪锦冠（化学老师）、吴仁鉴（校长兼教化学）、陈大法（语文老师，后升任校长）、林国挺（公民老师）、楼宪（公民老师）、陈宝琛（数学老师）、杨曾涛（数学老师）等。因此，南雁中学毕业生升学率比较高。一九四八年春，颜逸明自南雁中学毕业后考取了浙江省立温州师范学校普师部，九月入学就读。同年七月，我自南雁中学毕业后，也考取浙江省立温州师范学校普师部就读，又与颜逸明是春、秋班的上下年级。当时，秋季班级段招三个班：一个劳美班、两个文科班。每个班五十人。时值解放战争，浙南地下党将革命形势的信息渗透温师各个级段。《浙南周报》、毛泽东《新民主主义论》《论联合政府》等著作油印直行本，已秘密送到我们手中互相传阅，并知道辽沈、淮海、平津三大战役正在进行之中，全国革命胜利在望。

温州师范学校设在平阳县万全区郑楼乡乡公所驻地。这里，地处河网地带，河流交错，水陆交通便利，环境优美，适宜学习。当时，许多名师云集在这所学校任教。如数学老师项启中、项景育，历史老师宋炎、郑之光，地理老师陈湜、胡耀龙、薛永杭，语文老师王阜彤、马锡鉴、徐步奎（又名徐朔方）、唐湜，音乐老师林虹，美术老师王伯敏、金作镐，劳作老师石磊，心理学老师张慈恩，教育学老师李长秀、何振武，英语老师吴长铭，物理老师叶仲荣，政治老师王从廉，校医金志庄，等等。在这良好的学习环境中，努力学习的同学获益良多，而颜逸明就是其中之一。他兴趣广泛，据我所知，他爱好音乐、美术、文学，而且密切联系同学，深受大家好评。

三

一九四八年春，颜逸明在温州师范学校普师部毕业后，被平阳县聘到县中心小学任教。他在该小学教了半年后，即奉调温州市文化馆工作。一九五二年七月，他从温州市文化馆调干升到华东师范大学中文系就读，一九五六年七月毕业后留校从事语言文字教学和研究工作。他艰苦奋斗一生，主要成就是以下三个方面：

第一，方言调查研究。

一九五五年的全国文字改革会议和现代汉语规范问题学术会议之后，中国科学院语言研究所发起全国汉语调查，华东师范大学负责上海市郊川沙、南汇、奉贤、金山、松江、上海、青浦、嘉定、宝山等九个县的方言调查。为了完成普查任务，学校派颜逸明先到北京参加由教育部、中国科学院语言研究所联合举办的语言研究班学习音韵和方言调查。学习回来后，他承担上海市郊九县普查任务。他用了一年多时间完成了调查任务，并写成近三十万字的《上海市郊九县方言调查报告》，上报江苏省教育厅和中国科学院语言研究所。同时，根据上海市教育局的要求，他执笔，范可育、徐美贞等参与编写了《松江人学习普通话手册》《川沙人学习普通话手册》和《嘉定人学习普通话手册》等三种手册。

普查任务完成之后，江苏省教育厅又按照中国社会科学院语言所的意见，组织编写《江苏省和上海市方言概况》，颜逸明奉调南京，以江苏省和上海市方言调查指导组成员的身份，负责上海片的编写和扬州、淮阴两地区的地图资料调查，与鲍明炜、施文涛、葛毅卿、叶祥苓以及当时南京大学的研究生卞觉非、许惟贤等人合作共事，一九六〇年完成《江苏省和上海市方言概况》一书，一九六一年出版。这部专著，是新中国成立后规模较大、较成功的方言学专著，曾参加莫斯科书展。

一九五八年，颜逸明以助教的身份被破格推上讲台，主讲《现代汉语课程》，并由此编写了本校用《现代汉语》教材。另外，为开好选修课，他又到北京大学进修，受教于著名语言学家袁家骅、朱德熙、林焘等先生。回校后，开设了方言和方言调查、语法与写作，以及越南留学生的基础汉语等课程，并与南京大学的施文涛合作，编写了选修课的教材《汉语方言学讲义》，华东师范大学和南京大学两校同时使用。在教越南留学生基础汉语时，合编了留学生用的《汉语语音教材》。

一九七四年，上海市大学教材《语法·修辞·逻辑》编写组成立，颜逸明被调入“语修逻”编写组。此后，又因上海市教育局借调，他到复旦大学与许宝华等合作编写《上海人学习普通话手册》和《上海市汉语拼音广播讲座》课本。

第二，文字改革和语言现代化研究。

一九七八年，颜逸明除方言研究取得一系列辉煌成果外，进入了文字改革研究。他在华东师范大学中文系成立文字改革研究室，组织学生文字改革研究小组，招收文字改革研究生。一九八〇年，华东师范大学成立文字改革研究室，他和史存直先生任室主任；一九八一年，他和史存直先生联合招收了敖小平等五位文字改革研究生，并举办了一期文字改革教师进修班。同时，他们又倡议成立全国高校文字改革学会。一九八一年，高校文字改革学会在黑龙江省哈尔滨举行成立大会。此后，他协助高校文字改革学会倪海曙先生编辑出版《语文现代化》丛刊，并协助中国语文现代化学会会长王均先生编辑出版《语文现代化论丛》。丛刊从一九八〇至一九九〇年共出了十辑；“论丛”一九九五至二〇〇四年共出了三辑。

第三，编写现代汉语教材。

颜逸明在教学实践中，针对教材的各种弊端，组织讨论研究，参与新的现代汉语教材的编写工作。他曾代表华东师范大学出席高教部召开的现代汉语教学大纲讨论会，提出新时期现代汉语教学任务和教学起点时间，并和大家一起制订了部编《现代汉语教学大纲》，供全国各高校使用。

颜逸明认为，方言调查研究应为汉语现代规范化服务，为汉语教学服务。汉语方言分歧，方言区人学习普通话不能不联系方言实际。他说："五十年代的方言调查，上级明确指示要为推广普通话服务。"上海方言调查任务完成之后，他与其同事立即编写了上海各县区人学习普通话的手册。这些手册在上海地区推广普通话和语文教学中发挥了应有的作用。

颜逸明说，现代汉语不能把汉语方言排除在外，中国语言学必须研究中国的语言，这些都是无须说明的道理。五十年代华东师范大学编"三结合"教材《现代汉语》就已注意到了这个问题，联系上海方言实际。一九八九年，复旦大学邢福义主编高校系列教材《现代汉语》时，他又极力主张以方言作为副线贯穿现代汉语的各个部分，因此这部教材的语音部分有节介绍方音的记录和整理，语汇、语法部分也有专节讨论方言，语汇部分有"方言语汇"，语法部分也有"方言语法"。

在研究中，颜逸明不避艰难，摸清边界方言的归属和吴语内部的区分。他先后调查了十多个县的吴语边界和内部小区边界的方言，初步确定了泰顺"蛮讲"、平阳"蛮话"、靖江"沙上话"和"老岸话"、启东海门"沙里话"和"通东话"等方言的性质，以及太湖闽语群、浙西徽语、赣东北吴语等方言的分布情况，初步明确了吴语范围，并在两次吴语研究国际会议上做了吴语分区问题的发言，提出下位区分的初步意见，为后来中国社会科学院语言研究所发起的中国语言地图集分地调查提供了资料，积累了经验。

由于颜逸明各项研究成果辉煌，工作事迹突出，曾被华东师范大学评为先进工作者、优秀党支部书记，一九九三年获国务院"有突出贡献的专家"称号，一九八九、一九九三年分别获国家语委、国家新闻出版部署颁发的在《中国大百科全书》编纂出版工作中做出突出贡献的专家证书，享受国务院颁发的政府特殊津贴。

四

从上世纪八十年代后期开始，颜逸明投入地方志方言卷的编写工作，他应邀请先后为《龙游县志》《桐乡县志》《平阳县志》《温州市志》《文成县志》《瑞安市志》等十多个市、县志撰写了方言卷，并担任《浙江省方言志》顾问兼分卷方言志主编，为浙江省、市、县首轮修志事业做出了出色贡献。

这里，值得一提的是，一九九二年七月，颜逸明应邀赴刘基故乡参加《文成县志》撰写方言卷。一九九三年，他再度入飞云，校核志稿并与省立温州师范老友研讨《郁离子》。一九九三年冬参加志稿评审会，文成县志办嘱他留言，他作《修志抒怀》七绝一首：

鴃舌吴音起汉秦，輶轩使者入飞云。
寒冬酷暑郁离子，绿水青山刘伯温。

一九九四年五月二十二日，颜逸明来信云："来信收到多日，近因上海市地名志逼稿，温州方言志无法在5月中旬交稿，现在上海市已经完成（初稿），温州志估计6月中旬可完成，届时寄上。"信中云："信甫来信，说文珠去年12月和他爱人去美国探亲（女儿），在美国因高血压去世。如果碰到昌度或别的同学请转告。我已经写了短信给金邦任、吴畏三等人，表示悼念，并希望大家注意晚年生活幸福健康长寿。向阿媚问好！向小施问好！"文珠是颜逸明的同学。王定国、金竹湘一九五〇年七月毕业于温州师范普师部。阿媚是我老伴杨媚媚，小施是温州市地方志办公室主任施良斌。从这封信可看出，颜逸明十分关心温州师范学校普师部上下年级的同窗好友。

一九九六年九月，颜逸明退休之后，可颐养天年了，但他仍是工作十分繁忙，退而不休。我常与他通信联络，知道他很会抽烟，损害身体。他来信说，自支气管扩张，呼吸困难，经常住院打针、治疗，痛苦万分。我劝告别抽烟，他说戒不掉，结果，呼吸越来越困难。

二〇一一年五月，温州学人文选《章志诚集》，由温州市社会科学联合会资助五万元，交安徽黄山书社出版后，我于二〇一二年春节前寄给颜逸明一封贺年信和拙作一本，因他住院治疗气喘病，没有及时回信。他出院后回给我一封信，现录如下：

志诚兄：

你好！我在春节前（1.3）气喘住院治疗，直至本周（3.13）出院，过了近两个半月的医疗生活。

申城春节庆龙年，气喘老龙命在天。

鼻塞软管输氧气，口喷白雾若生烟。

消炎针水天天吊，渗血乌青块块连。

幸得神医多妙药，春风又拂校河边。

在医院曾给你写过一封短信，但没有地址，没能寄出。只好回家重写。

你的文集质量都很标准，一生努力有这么一本集子留给后代，也算是一种安慰。温州学人文选也有我的一集，稿子到黄山书社已有数月，不知何故没有动静。社联洪主席很忙，我不便请他催促，只好等着。

温师的老同学越来越少了。你和昌度是我雁中、温师的老同学，难得健在，请多保重。

向阿媚问好！再见！

逸明 2012.03.18

颜逸明后半生，虽然在学术研究方面取得辉煌成就，学术成果等身，但他的人生道路也有坎坷不平。他的爱妻、原华东师范大学人事处处长不幸较早辞世，后拟续娶一个温师同学，她又遇车祸而离世。他的长女赴美国留学，在西雅图的华盛顿大学读博士，二女儿在华东师大印刷厂工作。平时家庭生活依靠二女儿照顾，但他的二女儿是个智障者，我去他家曾见到他的二女儿。

颜逸明是我一生中最要好的校友之一，他为人谦虚，不摆架子，埋头做学问，团结同学，热情助人，深受大家爱戴。

今年六月十八日，是颜逸明教授逝世一周年，值此时刻，我浮想联翩，往事一件件跃上脑际，一言难尽，只得长语短说，聊以数语，以示纪念。

二〇二一年三月十二日

人伦关世教　吾道未沉沦

——钱师思敬百年祭

沈克成

一

钱思敬，原名钱达变，字田文，一九二〇年七月二十六日生于温州城区一般实家庭，祖籍乐清。祖父钱振壎，又名熊壎，字伯吹，一八八八年举人，一九〇二年留学日本弘文学院。父亲钱钺，字铁夫，考中秀才，后留学日本，曾任永嘉县第一高等小学校（今广场路小学）校长。长兄钱达权，一九〇八年生，黄埔军校第七期毕业，曾留校兼任高级教练。

钱于一九四二年春毕业于温州中学，与樊祖鼎、宋启材、郭训、朱鹏、魏忠等同学。我们在钱老的遗物中找到一本《温高春季第一届毕业同学纪念册》，内中刊有一篇短文，把他刻划得惟妙惟肖，全文如下：“他，他那一顶黑绒的飞机帽和青绒学生装，实在是个够耐人寻味的回忆，那时我们还是初次的相聚，他是个不远万里而来的伙伴——来自青岛。清晨到校里来，他总是戴着那顶不平凡的帽子，缩着颈，低着头，插着手在裤袋里，俯着腰走路，确有点像个惯抱火炉的‘冬烘’。我们逃难到青田来，已属薄薄衣衫软软风的五月天，他这套服装是难得多见了，于是他开始让我们认识他内心的一切：许多同学病了，‘异乡游子’的悲戚浮现在同学的心坎里，那时候，在伙伴的病榻旁常常看见他的踪迹，在病痛者的呻吟里常常夹杂着他抚慰的低声，他以热情接待了同学，他更以强烈的同情心温暖了同学。那时时露在嘴边锋芒锐利的语调，更是他的特色，无情的抨击随时瞄准着无理的人，无理的事，倔强的个性，根本不知屈服为何物，一个热情、能干、果敢的结合体，一个有血有肉的青年。在‘四一九’的流浪艰程中，在崎岖的北山道上，他那风尘仆仆为众服务为众牺牲的精神，更在同学的心目里种下了伟大的根苗。但他的仪表始终和他的内容成一个有趣的对照，体格虽也坚实，面色老是带点苍白。总干事的头衔，在他身上发不出闪亮的光彩。登上高台，也没见过他翘首挺胸，目光炯炯，有时竟还唱着‘退隐遁迹’的调儿。智力胜人一等，文理皆长，但未曾见他在分数上下过心思，似有‘分数于我如浮云’之慨！”

钱随后考入暨南大学历史系，与蔡心谷、陈璧、徐定豹同学。没读完三年，于一九四四年冬，与周仁生（后改名周任辛）一起因从事革命（托派）活动被国民党当局开除学籍逐出校门。这里留有一张当时在暨大的温中校友为他送别的合照。

在暨大期间，他在《扫荡报》上发表了多篇文学评论的文章，得到了许杰教授的好评，辍学后一直在上海某中学任教。一九五二年全国“肃托”，钱在上海被捕，一九六三年才获释回乡。夏秀娥与钱思敬乃高中同学，中学尚未毕业，不幸其父意外去世，家中无力供其上大学，只好考入当时的温州税务部门从事内部刊物的编辑。两人心仪已久，却一直未谈婚论嫁。钱被捕时夏答应一定要等他出来，不幸一九五七年也被戴上“帽子”，随即被锁入牢房，不久因“罪行”较轻，被送往宁波手工厂强制劳

暨大温州校友合影。前排左起：蔡心谷、胡雨、周仁生、钱思敬、曾冒勋；二排：陈璧、马均权、唐佩兰、黄怀仁；后排：吴希逸、马振聪、徐定豹、林彤。

动。一九五七年十一月，夏在一张单人照片后题下了“十年离愁压眉尖，欲笑还敛”。后夏得以平反，重回财政局工作，直至退休。

钱回温后蜗居在中府前周任辛家二楼六平米的阁楼里，被安排在电工仪表厂当搬运工。一九六四年二月，钱、夏两人终成眷属。

钱、夏两人至死不渝、终成眷属的情爱奇缘，深深撼动了著名诗人王敬身先生。他以“旧闻钱君贤伉俪事，极为叹佩，顷复忆及，因书此赞之”为题，于一九八三年撰写了一首五律，诗曰：“独励冰霜操，今时见故人。辟雍订交旧，狴犴寄情真。岂恨青春负，终成白首亲。人伦关世教，吾道未沉沦。”

钱老师当了两届鹿城区政协委员，在任上他自己说做了两件开心的事，一是协助潘国存先生整理编辑他祖父的《伯吹遗稿》；二是参与鹿城区地名办的工作和广场路小学校史的整理。钱老师是二〇〇九年因病不幸逝世的。当他知道自己的健康每况愈下时，即分几次把藏书亲自扛去捐给了温州市图书馆，特意把凝结了他自己心血的《鹿城地名志》交给我留作纪念。

二

一九七四年我倾全力在学习翻译莎士比亚戏剧，突然间冒出个念头，想再学门外语。经蔡心谷先生介绍，钱思敬老师成了我的日语启蒙老师。从此后，钱老师永远成了我心中敬仰的恩师和挚友。

我在《蔡心谷诗文集》后记中有这么一段话：“蔡老师是我高中语文老师，原住在温州四中的八角亭，带着一大帮孩子，人很瘦，风一吹就会倒似的，听说胃病很重。到了七十年代，他搬到百里坊口吉人药房三楼，房子很破旧，岌岌可危。那时候我想学日语，蔡先生就给我找到一位刚从

钱思敬摄于二〇〇六年。

夏秀娥摄于一九五九年。

牢里出来不久的老托派钱思敬先生，他们是老同学。授课地点就设在蔡先生家中，每星期两次，每次一个半小时，学生就我一人，蔡先生让他的女儿丹娜旁听。那时候生活条件很差，每次上完课，丹娜就给钱伯伯冲一杯麦乳精，算是最高招待了，我当时也饿得慌，馋得很，巴不得蔡小姐也能给我冲上一杯，可惜遇到一位抠门的姑娘……后来，钱老师觉得有点力不从心，课就停了，因为找不到合适的教材。”

从一九七四年下半年跟从钱老师学习日语开始，我进步较快，特别是一九七五年在茶山的一年，让自己夯实了基础，很快就转换角色，从学生变成了先生。那时我还在人民印刷厂当工人。一九七八年温州市科委发(78)17号文，聘我为温州市科委编译委员会委员，为《电子技术译丛》《国外农业》两杂志担任译校工作。同年，我还应聘担任市业余科技大学外语部日语教员，和高野根老师搭档，高讲口语，我讲语法，颇受学员欢迎。学员主要为科技人员，也有不少年轻人，他们都是“文革”的直接受害者，想读书却没得书读，饥渴难受。

其中有三位年轻人，男的叫张保尔，女的叫李建贞、叶小琳，他们要求我给他们开小灶，多讲点东西。可是那年间我上有老下有少，为了养家糊口，除了白天做工外，业余时间都已排得满满的，于是我就介绍他们跟钱思敬老师学。其中的建贞在四十余年后的今天是这样描述当时的情景：“介绍人说他刚从监狱出来不久，罪名是托派，现在五十多岁了，既没有工作，也没有住所，当然也没有收入。我们三人组成了一个日语学习小组，教学方式是钱老师手抄一篇日语短文让我们翻译。没有语法，也没有音标，因为钱老师说自己也没有系统学过日语。他的那点日语知识是跟父亲学的，父亲曾在日铁工作过。我们三人每月给钱老师十元，那是钱老师出狱后的第一份业余收入。我们三人的月工资都是三十多元。钱老师很认真，面对字字带血的小抄，我们不敢有丝毫的懈怠。三人中那位高中毕

财政局给了他们一小套安居房，让钱思敬夫妇安度晚年。

业的同学得到的表扬最多，钱老师说他的文字功底好，翻译水准高，到底是读完高中的。我们两位，一个初中毕业，一个初中一年肄业，我是那个垫底的。”钱老师的这三位学生都很争气，一九七九年李建贞考上了山东大学日语专业本科，张和叶都因为日语成绩上线，被政府部门考录为公务员，在工作中都发挥了日语专长优势并获得其他专业的在职本科学历。保尔在温州市中级人民法院副院长任上退休，小琳则在温州市政府外事办公室副主任任上退休。他们三人的确为钱老师争了光。

三

一九八四年起，我在主持勤奋外国语业余学校的教学工作，经常跑学校顾问周任辛先生家请教，每次去总要上阁楼跟钱老师打个招呼。有一次闲聊，钱老师拿出一本日文的《汉方》给我看，当时我还不理解什么叫汉方，只觉得名字怪怪的。钱老师跟我说，这是日本的国宝，因为是中国传去的，所以打上了“汉”的标签，可惜中国人自己却不珍惜。他向我推荐说，你如感兴趣，可以拿去看看。我翻了翻，里面都是些中医处方之类的，我不懂，谈不上兴趣，就还给了他。后来我发现钱老师跟同住河通桥的娄绍昆往来密切，有一次我旧伤复发，腰部疼痛得无法行走，钱老师把我带到娄家去请他诊治。而今我们已成了好朋友，可惜钱已不在人世了。娄比我年轻，赶上“文革”时代没得书读，凭着坚毅的意志，自学成才，现在已是名闻遐迩的中医名家了，他最见长的就是汉方，是否跟钱老师有关系呢？我不得而知。我只记得二〇一二年娄的处女作《中医人生》出版时，他要我在首发式上说几句，我说：“娄比我小四五岁，应该算是同龄人，我们不仅年岁相仿，我们的人生遭际和阅历何其相似乃尔。正因为如此，我们之间有一种特别的感情，那就是惺惺相惜，同病相怜。这是非

左起：沈克成、杨苏流、周任辛、林绵、马骅、蔡心谷、钱思敬、王国龙。

一九九七年秋重阳江心游。左起：钱思敬、马骅、王国龙、周任辛。

常难得也极其珍贵的，这就是我们之间友谊的基础。我们都是爱读书的人，但可惜在人生最美好的青年时代却无书可读！不是我们人太笨，考不上，而是社会剥夺了我们求学的机会和权利。现在的青年人也许难以理解，甚至于对我们这号子人嗤之以鼻：有什么了不起的，要学历无学历，要职称无职称，无非是‘草根’一条，只不过比‘草包’稍好一点儿而已。”

四

九十年代我心血来潮，突然玩起了计算机中文编码。虽然后来博得了不少掌声，但开初的路走得实在艰辛。为了寻求一种编码方案，我不知写光了多少支圆珠笔，还落下个偏头痛，靠吃天麻过日子。当钱老师得知我在做我力所不能及的事情时，他不仅不阻止我，反而支持我去闯。更令人惊讶的是他一介书生，连计算机为何物都不知道，当我告诉他我的思路时，他很快就能理解，并能帮我出主意。正如他的少年同学对他评价：“智力胜人一等，文理皆长。”我至今还保藏着一大包钱老师帮我校改的完整的编码方案，弥足珍贵。到后来，我每每写好一部书稿或一篇文章，都要请钱老师先给我审阅一遍，别字、病句找出一大堆。

五

一九九九年，由周任辛、王国龙、施用勤三位先生合译的《先知三部曲》终于获准由中央编译出版社出版，这三部书稿的最后校对就是钱思敬先生。

《先知三部曲》译者合影。前排：王国龙、周任辛，后排：钱思敬、施用勤。

一九九七年摄于钱老新居。

二〇二一年清明，作者在钱思敬墓前。

晚年跟钱老师来往最密切的要算蔡心谷、王国龙、周任辛三位老友，他们都是我的老师，因而我自然也成了他们朋友圈中的一员了。隔三岔五的，我们都会聚在一起聊聊天。我还保存着几张珍贵的照片。

有时候我怕老人寂寞，遇到秋高气爽的日子，也曾请几位老前辈去江心散散心，他们真的很开心。现在想起来真有点后悔，要是当时能多用点心，该有多好呀！

钱老师走了，早早地走了，除了亲人，除了学生，除了友人，还有谁能记得他曾来到世间走一回。一个文理皆长，满怀壮志的青年，本当挥斥方遒，可他，却始终未曾潇洒过。

安息吧，钱老师，你的学生永远记着您！

海上“兰后”鲁藻的如烟往事

鱼　丽

“漫教秋菊比芬芳，瑟瑟曾疑凤尾翔。梦壮小红怜九畹，花开浅碧忆三湘。纫画今是仙人佩，吹去认知王者香。绝代佳人幽谷往，只将心事付东皇。”在观鲁藻写兰之后，女画家周炼霞用清幽隽永的诗句，表达自己的感受。

一九四八年（戊子年）的上海，由于战乱，各行各业均陷于凋敝状态。上海书画界力陈推新，由陈定山、马公愚、唐云、郑午昌、吴青霞、李秋君等三十二位著名书画家联名发起，举办温州籍女画家鲁藻的个人画展。当时，上海大新公司为引人注意，将“鲁藻画展”的特大幅展牌，从大厦顶端悬挂而下，十分醒目。

大新公司举办的这次墨兰画展，虽是萧然淡墨，素心幽香，却观者如潮。许婉琳老师的印象里，母亲当年的墨兰展，虽经霜已历七十余年，却如风诗遗句，清逸如故。

一

鲁藻（一九〇二—一九七九），字绮湄，出生于浙江永嘉（今温州市鹿城区），师从汪如渊，擅长工笔画，尤擅绘兰。永嘉独特的人文底蕴，赋予她特殊的艺术气质，所作兰花婀娜刚劲，笔墨古逸，书卷之气盎然。

鲁藻曾先后在上海居住过三次。第一次是婚前和姑母鲁文一同在上海住过。第二次是一九三二到一九三六年，鲁藻曾定居山阴路，跟鲁迅同住于一条弄堂里。鲁迅去世的时候，弄堂里来悼念的，游行的，喊口号的，人山人海，让她记忆犹新。

二十世纪四十年代，为躲战乱，鲁藻再次从温州来到上海，潜心宅第，专心绘事，一直到一九七九年去世。期间，鲁藻住南京路，画室名爱菊轩。当时，活跃在上海的一众女画家，如顾青瑶、周炼霞、陈小翠、顾飞、张红薇等人，经常来交流画艺，纾解雅情。

许婉琳当时尚幼，见家里来人，就过来凑热闹。在她的记忆里，李秋君常独自一人来。来时，爱坐在沙发上，很端庄，不爱说笑。李秋君看上去年纪要大些，打扮得朴素，不是很鲜艳。她看着眼前的孃孃，为人显得比较严肃，讲话一句一顿的，感觉气氛有些沉闷，就跑开了；可当陈小翠、吴青霞、周炼霞她们来时，她的感觉就不一样了，家里的气氛就活跃多了。几位女画家经常一起来。她们打扮得很漂亮，穿得很好看，也很雅致。女画家们爱开玩笑，很活跃，引起许婉琳的兴趣，就插在她们中间，走来走去。

爱菊轩内装饰典雅，挂有许多墨兰作品与其他画作。女画家们一边欣赏室内悬挂着的画作，一边谈论着，颇为自在。因鲁藻在家排行为四，大家就叫她“四姐”。李秋君就有一首诗题为《题绮湄四姐墨兰》（戊子三月）：“疏疏落落，何寄何托？子固所南，倘许入幕。”有一次，她们站在鲁藻的画前，叽叽喳喳地议论，说“四姐”的这幅画这么美，又说“四姐”人如其画，也非常美。鲁藻常淡妆，穿深绿色的旗袍，上绘细细的白鸽子，显得文雅有味，与她淡泊文静的性情相合。看上去，就像是一幅仕女画。

民国时期，鲁藻画兰尤为特出。同时代的女书画家，顾飞山水，周炼霞仕女，顾青瑶书法，出类拔萃，夺人眼目。陈小翠、张红薇涉笔花鸟，秀妍清润，或海棠蛱蝶，或桃柳双燕，或紫藤小鸟，显出一派清婉温润的气质内涵。唯东嘉鲁藻，执于画兰，用秀健绝伦之笔，绘百余幅墨兰，以寄托心史。江宁学者、书画家杨复明曾著《兰言四种》，辑录了从古至今关于兰花的诗词典籍，内涵丰富，包罗万象，可被称是一部画兰、咏兰、识兰、艺兰的百科全书。他在其中题道：“画兰古不如今，近见东嘉鲁藻画，秀健绝伦，笔底亦颇驰骤，闺秀而有学士风，却不似管夫人，不作折笔与断笔也。”对鲁藻笔底的墨兰风韵颇为推崇。鲁藻绘兰，寥寥数笔，虽着墨不重，却勾勒出一丛优雅之兰。亦可见无根之兰，虽花叶纷繁，但条理有致，独秀于林。时值国破家亡之际，鲁藻墨兰，颇有沧桑之感，尽显厚重深沉的爱国底色。

时人常将她与海上云间居士白蕉相提并论。白蕉所作兰草，风姿绰约，清冲淡远。且以墨兰为多，题句也疏宕清放，若即若离。鲁藻笔下墨兰，着笔无多，却风神自远，清气疏朗，正可与白蕉之兰相撷颃。故两人被誉一为兰王，一为兰后。于是在爱菊轩，女画家们有时也爱“兰后，兰后”地喊，叫得很亲热。

陈小翠个子高挑，穿一身白色的旗袍，衬着星星点点的黑色、水红色的花，特别好看。她对鲁藻的幽兰绘事也颇为欣赏。曾为她的墨兰一连题有三首诗：

劫后灵均悟化身，萧然淡墨见天真。灵台一片琉璃水，洗净幽兰叶上尘。（《观鲁绮湄兰花展有感》）

绰约仙人倚碧空，五铢衣带舞回风。幽花别有凌云气，不在千红万紫中。（《鲁绮湄兰展》）

风枝露叶有余姿，花影如潮入定时。莫是杜兰仙去后，九天环佩起相思。（《鲁藻画兰》）

陈小翠诗词兼美，又擅绘事，更能体会鲁藻对风枝露叶兰事的会心。从诗中可知，鲁藻所绘幽兰，别有凌云之气。尤其第一首，“劫后灵均”“灵台一片”等句，说明鲁藻所绘墨兰，高洁，隐逸，与屈原的精神内核相同。

鲁藻墨兰的确突出，不惟李秋君、陈小翠，顾飞、周炼霞也都为四姐绮湄的墨兰写下观感，称赞她的高洁清雅，不媚流俗。

如顾飞一连写有两首诗：“屈宋文章信手成，幽香青朵背山荦。不知银露餐风味，自向书窗伴日明。”（《为鲁绮湄兰展题句》）“幽花从未计知音，不论丹心与素心。礼淡天生堪独赏，无须自诩入山深。”（《题绮湄兰展》）她赞鲁藻有屈宋之才，性情淡泊，不计知音，素意丹心，所绘兰花幽香，颇有幽园独赏之妙。顾飞曾拜江南名儒钱名山习诗词，诗才奕奕，颇引人注目。

顾青瑶不仅写诗，而且为其画展特地撰文说：

文人余事，每喜写兰，以抒其胸中逸气。昔人擅画兰者，如郑所南、赵孟坚、管仲姬等，皆写者高逸幽贞之志，不为绘事所役，品趣特超。永嘉得山水之秀，文艺家尤宿著清妙。鲁藻女士工墨兰，驰名久矣，往常于中国女子书画会，得睹其作品，以为闺秀中所仅见。昨至大新书画厅参观女士画兰个展，凡百帧，风情雨露，各异意趣，而用笔之生动，潇洒雅秀，妙造自然。忆清湘老人题兰云：“写兰四十年，少得兰之性情，非冰雪为怀者，乌足与言。”故以此语移诸鲁女士，洵无愧矣。

顾青瑶为江南才女中能通金石者，作品浑重古朴，无女儿家气。为人性又孤高。她对鲁藻兰展的推崇，正可见出其中意趣非凡。

爱菊轩内其乐融融，鲁藻的丈夫许文通也欢喜莫名，有时也参与她们的谈话。许文通（大章）出生于将门世家，父亲许乙仙原是清朝的将领，辛亥革命年间，响应孙中山号召任革命军二十二旅旅长，文武双全，工吟咏，著有《运甓斋诗集》，是晚清水师名将许松年的后裔。许松年在打击英国鸦片船的斗争中做出过卓越的贡献，与林则徐是忘年交，其史迹入《清史稿》。许文通曾是大学教授，二十世纪五十年代初任教于香港，于一九五六年回到上海，翻译当时急需的大量科技文献等。他常与鲁藻赌茗翻书，乐以忘忧，闲情逸概，颇有归来堂之乐。对鲁藻的墨兰画展，他不仅支持，而且鼎力相助，以成妻子之美。

鲁藻颇具兰心蕙质，喜以水墨兰石抒发性情，观照内心。她的幽兰独处，赢得当时书画名流与社会贤达的普遍揄扬，珍爱有加，于是大家主张鲁藻在摩登的上海开墨兰画展，以彰显温润的古典精神。

同为温州籍的女画家张红薇曾经出国，后鸿雁来书，并寄赠鲁藻一张画、一幅字，以表思念情谊，同时想了解国内的情况。可惜的是，这些字画均未有留存。顾青瑶在去香港前，穿着一身蓝黑色旗袍，特地来和鲁藻告别，并赠送一枚蝉的胸针，以高标俊逸之物来表心意，说带上它可寄托思乡之情。后来，鲁藻经常向女儿提起这位顾孃孃，还拿出蝉的胸针给女儿摆弄欣赏，说：“顾孃孃真是位有心人，知道我老家在温州蝉街，找这个蝉的别针送我，真是难得，也不知从哪里买来这个胸针？”

不唯如此，陈小翠也曾赠鲁藻有草帽别针饰品，姐妹情谊珍重如斯。

二

鲁藻一九四八年办的这次画展，还有温州籍文化名士如苏步青、苏渊雷、马公愚等纷纷为之赋诗题词，给予鲁藻和她的墨兰画极高赞誉，鲁藻也被誉为一代“兰后”。

温州人文渊薮，历代画家辈出。马公愚（一八九四——九六九）就是其中突出的一位。他是近代海派著名书画家，久居上海，工诗书画印，有“艺苑全才”之称，与兄长马孟容合誉为“马氏双璧，永嘉二难”。

鲁藻夫妇和马公愚经常有来往。马公愚一口长髯，时常偕女儿来访，为许家座上席。他为人健谈，聚会小酌时，大家听马公愚侃侃而谈，纵论捭阖，不亦乐乎。他为鲁藻画展尽心尽力，不仅为首位发起人，而且用隶书题签“永嘉鲁藻女士画展特刊”，典丽儒雅，朴微厚重，堪可品味。

“绮湄画兰”“纫秋兰以为佩”“至今芳草解婴娑”“鲁藻画印”“绮湄女史”“绮湄”，鲁藻所用的名章和闲章，古雅温润，大部分为温州著名篆刻家、温州博物馆第一任馆长方介堪所刻。在温州时，鲁藻与方介堪就有较深的交往，两人时有唱和。

鲁藻在永嘉的画室名为罗兰花室。抗战时期，激于爱国热情，鲁藻在罗兰花室绘有不少兰作。战国诗人屈原以不朽之篇章《离骚》名世，其诗“气往烁古，词来切近，惊采绝艳，难于并能”，两千年来受到人们的无限敬仰与追慕。虽是闺阁女性，但在鲁藻的绘作中，常题有“灵均”二字。如癸未（一九四三年）秋九月，鲁藻曾作兰画并题道：“众草如何可比伦，千金争买曲江春。而今得解灵均意，郑重挥毫写美人。”方介堪在给鲁藻题画时也爱用到“离骚”“灵均”等字眼。从中可见浇铸着依恋故国的拳拳之心。

同年秋，鲁藻还绘有兰草条幅，且题诗：“我爱兰花香且清，闲来搦笔寄幽情。纸长砚又饶馀墨，故写多丛自品评。”方介堪看后，颇为欣赏，借着这次画展的机会，他在画作上题诗和道：“飞香结佩漾纵横，闺阁争夸笔意豪。惆怅故园遍荆棘，夜窗风雨读离骚。”题跋内容，多深怀忧国忧民之情。方介堪还曾题有《鲁藻墨兰》：“明月照幽谷，幽香送好风。何谁去结佩，惆怅忆兰穹。”并为鲁藻画兰撰文，赞其作有“静穆清和之气”。

鲁藻与方介堪合作的兰画，得到她丈夫许文通的欣赏。一幅新作完成后，他常会点评一二。在他看来，方介堪诗中的“夜窗风雨”与屈赋的泪泉和墨写《离骚》思想一脉相承。鲁藻兰画熔炼家国情怀与艺术追思于一炉，颇有进境。

许琬琳懂事之后，经常听父母谈到方介堪。在她的心目中，方介堪行事勤谨，为人耿介正直，如鲁迅一样个性鲜明。当他们定居上海时，她有时会听父亲说：“如果方介堪还在上海就好了，那么我们就多一个可以走动的人了。”鲁藻与许文通回温州的时候，常去拜会方介堪。方介堪与鲁藻夫妇心性相通，爱好相投，两家人在交往时，常语涉国事家事，忧国爱民之情，宛然可见。

另有郑逸梅、丁辅之、郑午昌、孙筹成等时流名贤为鲁藻画展题咏以庆贺：

> 忽见幽兰满地开，清香馥馥袭襟来。知从九畹分颜色，却羡璇闺擅妙哉。（郑午昌）

遍地多荆棘，清香不可闻。何如风雨夕，幽逸如灵均。（郑午昌）

画兰以腴为难。腴而秀逸更难之又难。世人有眼大如车轮者必能辨此。生平以未（见）我家所南翁手迹为憾，获观此作，先德清徽，似在目前也。（郑逸梅）

苏步青为画集题签。苏渊雷于海上钵水斋为画册写小引，赞其“深居远俗，独能于南田、新罗之外，远挹所南之遗风。寄情香草，专写墨兰，楚佩骚魂，手滋笔植，秀气灵襟，洋溢楮墨”。学者眼光，明明如炬。

永嘉书法家曾耕西曾作《绮湄画兰独树一帜》一文，说道：“余考诸画史，精绘山水人物花鸟鳞（瓴）毛草早暨松竹梅菊等，代有其人，而女子较少。吾温张红薇、蔡笑秋二老人以及女士之姑母文，姊蘋、姝（按：妹）（茱）芹，皆闺中之杰出者，多以设色著。而女士专擅墨兰，独树一帜，继明代女画家马珪之后，惟女士一人已也。”可谓是对鲁藻的墨兰绘事的高度概括与总结。让人颇有一代豪华客，千秋正气歌之凛凛感慨。

三

鲁藻生于清朝末年，温州蝉街的一个文人家庭，文化底蕴深厚。父亲筱墀先生，善作诗文，为当地颇有名望的士绅。

筱墀先生为人开明，反对缠小脚，提倡男女平等。他让三位外孙称呼他为“蝉街爷爷”，而不称他“外公”，以表与后辈子孙的亲近。鲁藻和她的姐妹们从幼年起就接受与男孩一样的教育，自幼吟诗作画。筱墀先生要求自己的子女无论是学中医，还是学画画，都必须学好一样本事。在他看来，将来的情况很难预料，若子女婚后家境好，可以把画画作为自己的精神寄托。如果家境不好，则需以画画为生。总之，不能依靠别人，一定要有独立自主的意识。

筱墀先生还善中医，家里备有许多中药。因家有土地，并不靠看病收入，熟人请他看病，他多是免费就医。因为父亲会中医，所以鲁藻也略通医术。家里孩子感冒发烧，鲁藻都是自己抓药，弄点夏枯草、枇杷叶之类的中药吃吃，也就好了。

清馨不浊的身世，使鲁藻成为永嘉丹青盛手汪如渊的得意门生。汪如渊是马公愚的老师、刘旦宅的师祖。这位惊才绝艳的画家，门下习画弟子众多，达三十余人，以此形成以他为代表的永嘉画派。

汪如渊常在同辈面前夸鲁藻的才华。汪如渊来看望鲁藻的父亲筱墀先生时，如果没有看见他的学生鲁藻时，总会问道："你们家的千秋在家吗？"喜称自己的女学生鲁藻为"千秋"，因汪如渊先生觉得自己的女弟子是会流传千古的，后来"千秋"成了老一辈文人对鲁藻的昵称。大家来鲁家提及鲁藻时，也常常会说"你们家的千秋"，亲昵的称呼中透着殷殷的期望。

在老师汪如渊的熏陶下，鲁藻所作兰花婀娜刚劲，笔墨古逸，书卷之气盎然。汪如渊与鲁藻还合作有扇面：鲁藻的墨兰，汪如渊的行草。汪先生在扇面上题道："幼怀贞敏，早悟三空之心，长契神情，先苞四忍之行，松风水月，未足比其清华，仙露明珠，讵能方其朗润，故以智通无累，神测未形。"这段话引自《大唐三藏圣教序》，字里行间，透露出对鲁藻才华的欣赏。当时鲁藻只十八岁，已经很受汪先生器重。

鲁藻在香叶楼主人的栽培下，与汪如渊的其他女弟子，如蔡笑秋、鲁文、张红薇等一样，离开师门后至海上，学艺兼鬻画，闺阁女子敢为人先，闯荡世界，可说是开时代之先风。而鲁藻以一已之时代见识与绘兰创作，接续文人传统，革新画坛时弊，重现兰之风神，堪称民国画坛先声。

四

一九四九年以后，鲁藻因为患有高血压，深居简出，渐渐淡出画坛。

闲居在家，鲁藻的思绪却仍沉醉在画境中。家里有很多写石绘兰的画谱，如《芥子园画谱》等，高高叠放于画案上。鲁藻经常翻那些画谱，浏览名家精品，练笔不辍。

鲁藻娴静而内敛，闲暇时，爱读唐诗，有时也爱看佛经，手持浅黄封面、竖排直印的佛经本，潜心研佛。温州曾是佛教盛传之乡，鲁藻婆婆是一位终生诵经吃斋的佛教徒。鲁藻并不信佛，但对佛教的终极境界极为赞美和向往。另外，她还研究王羲之书法，对其论书颇为认同："凡书贵乎沉静，令意在笔前，字居心后，未作之始，结思成矣。"对艺术痴迷若此。

一九五〇年四月十日，鲁藻与丈夫许文通经夏承焘的引荐，拜访了八十七岁的黄宾虹。宾老知鲁藻画兰甚工，于是出示有明代文人方以智（字密之）的兰花册，又拿出元代女画家管道昇泥金画竹册页一本，极精工，云得自北京王公府。方密之兰册每页亦各有皇六子题诗。虽淡出画坛，但鲁藻仍心系兰事。在艺术名师黄宾虹眼中，鲁藻与兰花息息相通，让他颇为欣赏有加。

二十世纪五十年代初期，新中国一切欣欣向荣，上海曾多次举办国画展，筹备部门常邀约鲁藻参展，展览地点位于南京西路靠近石门二路处。在许琬琳的记忆里，在她从小学到初中期间，鲁藻因患病在身，不宜出门，有好几次就由她捧着母亲的画作去参展，等展览结束后接到通知，再将画作取回来。

在"文革"初期，许文通被非法拘捕，下落不明。他所有的书籍和鲁藻的作品都被抄走。鲁藻发电报"母病速回"，让在外地工作的女儿回来。许琬琳匆匆赶到家，却看到母亲安若无事，就问母亲："你还好吗？"鲁藻这才平静地告诉女儿实情，是父亲出事了。许琬琳不知道母亲其实心里是很难过的。鲁藻就是这样，虽然内心承受了巨大的压力，表面看去却异常平静，优雅从容如往昔。

尚有一事，也颇让这位慧心的女画家颇感痛心。二十世纪四十年代，温州画界来问鲁藻要画作寄欧洲去国际参展。鲁藻特地买了绢，裁成四份，画了四张斗方兰花去参赛。这四幅清雅秀美的兰作，深获国际友人喜欢，为此鲁藻获得一等奖，且有一笔奖金。抗战期间，温州沦陷，民不聊生，普通百姓常常食不果腹。鲁藻一家也深处困境，好在有这笔奖金，帮助鲁家勉强度过那段艰难时光。可惜的是，登载作品的展览图录在"文革"期间被抄走，后下落不明。鲁藻为人原本内向，重要画作遗失，当然颇为愤懑。虽然内心难过，但还是平静地对女儿说："看来贼也懂艺术啊，他收藏了我最喜爱的东西。我很看重这些东西，没有想到贼也很看重。"非常时期，珍物难留，自是可哀，一介女画人守深挚于忧思间，令人弥觉沉至。

在那段非常岁月里，鲁藻在种种打击中倒下，因中风导致半身不遂，不能言语。后因许文通无微不至的关怀与照顾，鲁藻病情好转。这段时期，她用仅能动的一只手画些小画片，有兰花，有其他花卉，秀美雅致。一九七三年十一月八日，她初病后作的一幅兰草，气息与平日之作颇不一样，草叶披拂凌厉，颇能反映女画家当时的心声。

鲁藻去世后，许文通为她编小传，拟影印亡妻兰石画谱，以慰藉怀念亡妻的心愿。

五

二〇一八年十一月，上海朵云轩重新展出鲁藻墨兰。展柜内，琳琅陈设有鲁藻当年的笔墨纸砚。有观众踱步其间，参观浏览之余，惊讶鲁藻所用毛笔之长，这位柔弱女子画画时，如何提得起来。

鲁藻绘兰所用毛笔均为长锋羊毫，画出来的兰花，颜色干净，撇出的兰花叶修长挺劲。

古时称画兰为写兰，而“画”多用于工笔兰花。墨兰即为写意兰花的代称，鲁藻所用羊毫，以此写兰，可见其功力。鲁藻作画时，手腕是高高提起，常常高于手指，笔垂直于纸面，用腕力画过去，颇有写兰之妙。

鲁藻曾在题诗中尽力描写兰花的“满天浮动古馨香”。又曾作诗赞“好似美人新睡起，晓庄未罢倚东风”，颇得写兰妙趣。

兰画是中国文人画风格史的重要支脉。自《易经·繫辞》《毛诗》起，历代文人慕兰、咏兰、画兰，兰花在历代文人的精神生活中始终有卓越的地位。自晋代始，便有写兰之记载，然不见真迹。宋人的工笔兰花是传世最早的兰花画作。今所见最早的墨兰，为南宋遗民画家赵子固与郑思肖所作。两人皆以超逸脱俗的画品及坚贞不屈的民族气节，为后世所倾仰，开文人写意墨兰之先河，堪称墨兰之始祖。

《鲁藻画集》所收百余幅墨兰，或怒放，或含苞，气格高古，神韵清逸。寥寥数笔，清气满纸，颇具“清、幽、远、超”之气质及坚贞独立之美德。

郑思肖画兰不画根，其“土为番人夺，汝有不知耶”的借物抒怀，实是以兰言志的典范。而鲁藻的墨兰，也有疏花简叶、根不着土之作，直承赵、郑法脉，写“空谷佳人”之性灵，颇含清闺写真风骨。

正如诗人朱松甫所吟“石既难画兰更难，共称逸品在骚坛”，对此顾青瑶在《话写兰》中对鲁藻的写兰评道：

> 画兰花，谁都知道，用笔简寥，当非难事；可是写兰比画工

笔花卉难上好几倍。既不容刻意涂描，也非可率笔放纵。写兰正如写字，其妙味恰在极显明地露出作者的性灵。如果文学修养的工夫深，那就出笔秀雅；并要名利心淡，贞介绝俗，自能笔致清逸，洗墨尘氛，正是谈何容易。固然是兰不易画，也就是人格难求。……

精短之文，深深道出鲁藻画兰不仅有性灵之笔，且深具文化内涵，还有淡泊性情，贞介人格，才最终成就一位响当当的“兰后”。

鲁藻也是一位诗人，她的诗作多为画作而题，讲究诗书画三位一体。虽说所画不过是墨兰、墨竹等，但与她的题诗却与之相互辉映。连她抄录之诗，也具情怀。如她曾在兰画上抄题郑板桥《咏兰》诗：“屈宋文章草木高，千秋兰谱压风骚。如何烂贱纵人卖，十字街头论担挑。”深深抒发她对当时国破家亡的怀念之情。鲁藻以诗人之质，交游艺苑，将古风卓识、学养才思浸润题画中，以此惠及世人，颇能引人深思。

当时鲁藻认为，自己的墨兰画作，肯定不如其他花卉受世人重视。但没有想到，画展期间大受欢迎。有一位参观者李丁龙，对上海的画展原本是失望的，对当时的女画家也不抱希望，但在拥挤的观展人流中，他看完了鲁藻展出的百幅兰作，感到自己太武断了，反而愿为画展写点感想，称她是“独到天才”“墨兰之能手”。又有一位十三岁的冯银铃，是市立第一女子中学的学生，还特地来函求兰后墨宝，言辞恳切，态度恭谨。

画展期间，人流不断，许多作品被争相认购，可见当年鲁藻兰作受欢迎的程度。

七十年后，鲁藻墨兰作品在上海、温州两地再次展出，观众依然如堵。温州有位文史学者蒙泉（章方松）在温州观展后，写下如此感想：

观鲁藻之画，读之画诗，更见当时文化所孕育之女子的敏志与贤慧，襟怀与气度。鲁藻画兰艺术超妙之处，清露兰藻。含秀微霜，清芬逸韵，逝者蕙风，雅人深致，天趣芳馨。为人感动的是鲁藻患病，丈夫许文通精心护理十年，晨夕相依，低怜相语，关怀备至，情涵深泽之人伦情怀，令人肃然起敬。

鲁藻早期作品题材广泛，既有工笔花鸟，也有写意水墨，她画有牡丹、绣球、荷花等花卉，还有虫鸟、动物，栩栩如生，但唯有兰石是她一生的痴迷。她用生花妙笔，写石下兰花离披之姿，以至成就一代“兰后”。

六

永嘉鲁氏，一门风雅，尤为特出。鲁藻与姑姑鲁文，姐姐鲁蘋，妹妹鲁茱、鲁芹以及外甥女林眉，一门三代六位女画人曾一起加入中国女子书画会，传为一时佳话。她的墨兰绘事，也一同写进了绘画史，成为一段浅碧往事。

上海自开埠以来，名家荟萃，形成了特有的海纳百川的现象。温州人杰地灵，文化历史底蕴深厚，与上海历史上的关系天然亲近。民国年间，温州艺术界的许多名人，就活跃在上海滩，其中有不少是中国女子书画会的成员。

中国女子书画会是我国第一个女子美术团体，每年举办有书画展。第三次书画年展是一九三五年五月，由朱人琰编录的女画家约一百二十位。第四届是一九三六年五月，女画家增至一百四十位。

鲁藻参加的书画展为第三、第四届。同时期的“永嘉女画家”除鲁氏一门六人外，还有任钧耀、李曼萝、张谨怀、樊彩霞、徐绮琴、施黛青、马如兰、马碧篁等人。

鲁文（一八六八—一九四一），又名鲁纹，字雪湘，别号纤纤女史，又号彤华馆女士。少从兄鲁孝迟学诗词，稍长，从名画家汪如渊习画，尤工花卉虫鱼，与张红薇、蔡笑秋合称汪氏“同门三闺秀”。因鲁文最长，故又有“最老瓯滨女画师”之誉。刘景晨有诗赞之：“最老瓯滨女画师，渊源为致剑川思。同门当日三闺秀，张蔡于今鬓未丝。”画作清润，所作百蝶图，曾蜚声日本。

鲁氏五姐妹分别为鲁蘩、鲁蘋、鲁藻、鲁芹、鲁茱，多为丹青妙手。

鲁蘩，原为温州大同女子学校第一届学生。排行老二，嫁到百里坊林家后，共生十个儿女，四男六女。大女儿林眉，自幼在外公家生活，跟随鲁文、鲁藻等学画。后嫁给一位港务局的领港，二十世纪四十年代中后期离开温州迁居上海，随鲁文、鲁藻等一起加入中国女子书画会。九十年代逝于上海，终年八十二岁。

鲁蘋，又名鲁涧青，排行老三，也住在上海。丈夫王亩仙（一八八六—一九七八），农学家，东京农业大学毕业，曾任浙江大学园艺学教授等职，工草书。著有《浙南民间药用植物图说》，书内所配中草药植物插图，均为鲁蘋所绘。

鲁芹，字楚葵，号碧漪。二十五岁时，在生第二个孩子之际，因难产去世。鲁藻深为妹妹的早逝而痛惜，她认为妹妹能诗善画，很有才气。在女子书画特刊上曾刊有一幅《鲁碧漪女士遗象》，何香凝题字。并附有其小传，略述其生平及才气。称其婚后，曾与先生同游长江两岸名胜，足迹殆遍，寓居上海后，眼界开阔，艺术愈进，作品为名家所推许。陈小翠写悼文，冯文凤撰挽联：“是书仙小谪，一霎那人天梦短，薤露哀歌，锦瑟华年绕廿五；辞画盟长往，两年来文字缘深，生刍遥寄，罗栏词稿定千秋”，痛惜之情，宛然可见。

鲁茉，又作鲁芝。留世有几幅出色的写意花鸟图。近年在拍卖会上还出现过她的作品。

鲁氏几姊妹妙擅丹青，各有千秋，其中尤以鲁藻最为出类拔萃。鲁藻教育子女非常严谨，长子许锡荪原为船长，后出任温州港务局总船长。次子许卓荪，上海交通大学教授，毕生诲人不倦。而鲁藻的三子许琳荪，天资聪颖，六岁时即会画墨竹。惜其英年早逝，年仅四十二，目前温州博物馆收藏有许琳荪的墨竹作品六幅，其中有陈仲陶、方介堪两位先生的题词，供世人追忆。

鲁氏的后代也有志于中国传统书画的发展与研究。鲁蘋的外孙女陈芳，现为新时期中国女子书画会会员，居美国凤凰城（美国亚利桑那州州府），专工抽象水彩画。曾素描有外婆鲁蘋像，刊登在二〇一七年的《中国女子书画会》复会纪念册上，眉眼之间，尽显鲁蘋年轻时的灵气神韵。

风物不远，雅致长存。如今七十年烟云过去，当年的人事早已湮灭不闻，唯有曾经的诗画文，还有后人绵绵不绝的怀念，或可让人忆起当年的芝兰之香与鲁藻之德。

朱铎民与马一浮的复性书院

朱有发

一九三九年，一代儒宗马一浮来到四川乐山创办了复性书院，聘请时在乐山避寇、章太炎的三女婿、财政部川康区税务局长朱镜宙（铎民）为书院董事，两人由此有着密切往还。复性书院日记、信札以及温州博物馆墨迹等见证了他们这段传世情谊。

一

复性书院是抗战时期国民政府为保存民族文化而开办的一所学校。一九三七年七七事变后，随校西迁的浙江大学教授马一浮认为，“窃惟国之根本，系于人心；人心之存亡，系于义理之明晦；义理之明晦，系于学术之盛衰”。他的观点与最高当局“委员长蒋（介石）先生，行政院长孔（祥熙）先生，教育部长陈（立夫）先生，感于学校师儒所治，唯重器能，其于德行道艺之本，犹若或有所遗”不谋而合，认为国人多有附逆者，日寇敢于长驱直入，咎在“人心不古”。他们痛感新式教育之偏，拟办一书院以圣贤之学匡补时弊。

一九三九年三月九日，马一浮在四川乐山乌尤山乌尤寺创办了复性书院。马一浮自称主讲，总揽书院事宜。据张朋强《朱镜宙先生编年纪事》记载，复性书院聘请朱铎民为委员，后改为书院董事会，同受聘者有赈济委员会副委员长屈映光、蒋介石侍从室第二处主任陈布雷、立法院副院长叶楚伧、中央政治学校教育长陈果夫、国民外交学会会长邵力子和陈果夫陈立夫三叔、国民政府主计处主计长陈其采，以及儒学、教育学等领域学识知名学者谢无量、熊十力、贺昌群、赵熙、梁漱溟、沈尹默等，屈映光担任董事长，陈其采为副董事长，马一浮弟子、中国文化服务社社长刘百闵兼总干事。

就在此时，朱铎民也身在四川乐山，与乌尤寺隔江相望、相距不足一公里的凌云山凌云寺。著名的乐山大佛就位于凌云山栖鸾峰下。朱铎民比马一浮早一个月迁至乐山。据朱铎民回忆录《梦痕记》介绍，他当时临危受命在大后方重庆担任财政部川康区税务局长，为抗战筹资征税，“（一九三八年十月）武汉失守以后，敌军所占领的区域日广，兵力不敷分配，于是改用飞机日夜进袭后方。初犹限于重庆一隅，国民政府乃下令疏散不必要机构”。“我以乐山凌云寺，地颇宽敞，风景亦佳，乃决计疏迁乐山。”

朱铎民与马一浮的相交目前可追至一九三六年。应朱铎民邀请，马一浮为其父汇东公撰书《乐清朱君墓表》。在文中，马一浮很是认同朱铎民的品行，“君不畏强御，不侮鳏寡，不陨获于贫贱，不充诎于富贵，此儒行也”。两人又是浙江同乡，都赞同孙中山领导的辛亥革命，撰文宣传进步思想，尤其一九一一年朱铎民在杭州就读的浙江高等巡警学堂联络同学募集学生千余人，同意点收编入新军的正是马一浮岳父、浙江都督

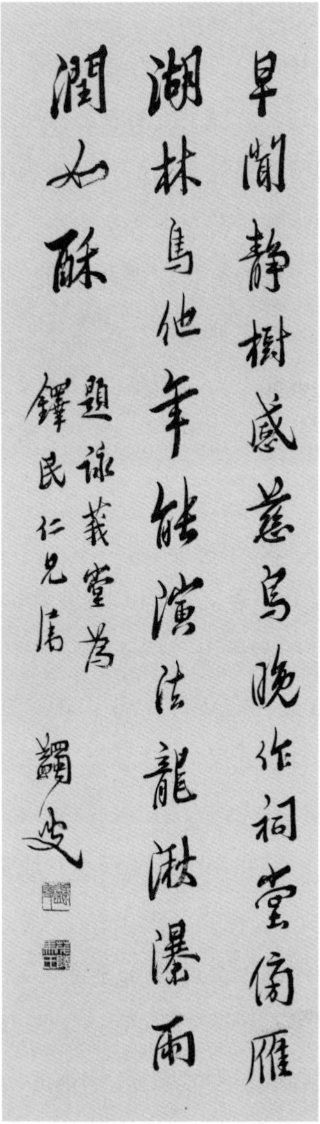

马一浮赠朱铎民书法。

汤寿潜。在中国历史上，两人还都为马克思学说的传播留过浓重一笔，一九〇四年，马一浮从美国将原版马克思《资本论》带回中国，成为“传入中国第一人”；一九三三年，朱铎民则与蔡元培、黄炎培、陶行知等十二人共同发起上海学术界一百余人纪念马克思逝世五十周年大会。可想，对于马一浮的聘请，有着志趣相投的朱铎民自然满口答应。

二

一九三九年九月十七日，复性书院在乌尤寺旷怡亭开讲。虽然国民政府“拨开办费三万元，月给经常费三千元”的经费支持，但是在那个特殊困难时期，书院“书籍太少，不足供学人参考”。一九四〇年上半年，马一浮向社会各处发出“赠书通启”。为表达对书院创办的支持，朱铎民将自己随身携带的心爱的“咏莪堂”藏书及拓本搬至复性书院，供学生学习借览之用。“承寄存箧书及藏拓，已交书院善为保存，当由书院具复，并将目录送缴。凭仗山灵诃护，留俟异日取还。在保存期间，亦听书院学子借览，当不致有损丹铅。此亦仁者法施之益也。”一九四〇年五月一日马一浮致朱铎民的信函记录了这件事情。

但是马一浮并没有因此欢喜过久，反而提心吊胆与日俱增。据《复性书院日记》记载，仅一九四〇年九月以来的一个月，标记有日军敌机“警报”两字的日记达六天，此外还记有“二十五日午前山寺附近警戒，中午飞机翱翔良久，传系试验武器”。更令他担忧的是十月四日连续两天拉响防空警报。于是五日，马一浮立刻致函朱铎民，“请取回寄存院中之书籍”。当天他还给知名居士谢子厚寄了同样信函。十三日，朱铎民复书马一浮，“寄存书籍暂不移动，倘因乱离而损失，与院无关”。一向爱书如命的朱铎民，他心知“税务局自辟防空洞，颇为坚固”，书籍拓本放在税务局要比书院安全，但他坚持放在书院，意图可想而知。有趣的是，当天马一浮也收到谢子厚回复，“盼院中派人将寄存书籍送还”。

时过境迁，物是人非。八十年前，朱铎民到底为马一浮的复性书院做了多少事情，因目前掌握的史料有限，还不能全面深入挖掘。但是，朱铎民曾捐款千元刻书，又是一个支持书院的动人故事。据马一浮《提议从速成立董事会增广师生及刻书与讲学并重两种办法》：“就原有经费，撙节刻书，使志在专精者，仍可依旧讲习，意存博涉者，亦任自择通途，不必定要来院肄业，有书可供参考。”“战后文物毁阙，求书甚难，故刊印古籍尤为迫切需要，若能资力稍厚，以大量出之，实文化之幸也。”可见，复性书院在讲学基础上增设刻书，目的主要是为了更好推广、传承和弘扬中华优秀传统文化。

一九四一年五月二十五日，复性书院因故停止讲学，转为以刻书为主。但是物价暴涨使书院举步维艰。比如米价，十个月上涨了近四倍。据《复性书院日记》记载，一九四〇年八月十日“买米十石，单价一百九十七元”，十一月三日“买米二十石，单价二百六十三元”，一九四一年六月二十八日“买米五石四斗，单价七百七十元”。刻工费也在不断上涨。一九四〇年十一月二十二日“写、刻万字工价百七十五元”，一九四一年四月五日“商定包价增加每万字至三百三十元，板片在外”，六日“刻工以上月亏累，要求津贴”，六月十日“刻工、写工每万字为增伙食费共百元”。不仅如此，刷订工人工资跟着要求增加，六月十二日还“以增加工资不如所期，怠工”。七月六日，万般无奈的马一浮“通知古道万，刻书事本月底结束”。

一九四一年八月十八日，朱铎民来到复性书院，马一浮向其道出内心苦闷，当论及“天下之道统于六艺而已，六艺之教终于易而已，学易之要观象而已，观象之要求之十翼而已，孔子晚而系易十翼之文”的《观象卮言》，因“书院经费奇绌未能付刊”，朱铎民当即给马一浮留下了一千元，敦劝续刻这本孤本古籍。《复性书院日记》当天还记录朱铎民午饭后离开。次日，马一浮以“朱先生已去成都，命暂收留并函告董会决定”。二十一日，马一浮致信寿毅成，告诉朱铎民捐款之事，请董会决定。同时写信给朱铎民，“谢其盛意，并告以已函董会”。

同年九月九日，马一浮再给朱铎民寄信，言“月前快晤，良慰。别后复劳坚致刻资，已由星贤、立民具答，并函书院董事会专函申谢”。还称赞朱铎民，“推君子之用心，实衰俗所难遘。拙野何足以言著述？会当留之以刻先儒遗书。浮即去，亦当敬告后来者，不虚仁者之惠耳”。据《观象卮言·后记》记载，该书“一九四二年四月开雕，至十月刊成，全书计三万一千六百五十五字。……第一次刷钉三百部，……共计费国币三千二百九十九元五角五分”。在总捐资二千三百二十一元的十一人名单中，朱铎民金额最多，其次为黄离明五百元，刘愧庵、谢巽伯各二十四元，第二军长王凌云捐了四十元。一九四二年十二月二十四日，马一浮将印好的新书《观象卮言》给朱铎民寄送了五部。

三

复性书院创办密切了朱铎民和马一浮的交往。据浙江省文史研究馆馆员吴光主编的《马一浮全集》记载，“书札”收录马一浮致朱铎民的共有九通，“日记”记有朱铎民交往信息的条目有十五处，尽管《复性书院日记》系马一浮弟子王培德记录，时间仅有一九四〇年八月二十六日至一九四三年十二月三十一日之间，但同时又发现马一浮赠送给朱铎民的诗作留存十首，温州博物馆珍藏马一浮书赠朱铎民的墨迹至少达八幅。从中还可见，马一浮对朱铎民的才气十分赞赏，常以诗作为话题。“尊诗立时毕读，佳句满目。公自是隽才，不谬为石遗法乳。真不图于永嘉之日，复闻正始之音矣。”一九四〇年五月一日马一浮致朱铎民信中言及的“石遗”，即陈衍，福建人，通经史训诂之学，与郑孝胥同为闽派诗的首领人物。陈衍认朱铎民为弟子。

一九四〇年八月五日，马一浮又在信中称赞朱铎民的诗作：“佳篇讫今未能和得。刻得近岁杂诗为《避寇集》一小册，今以奉正。”“因暇仍望继教。”在这封书信里，马一浮还与朱铎民交流了人生哲理，“观心无常，观受是苦，维摩默然，及真入不二法门也”，“逆境界亦是入道之助，恨末法机劣，此理尚堙晦耳”。朱铎民经常上门请教。一九四〇年十月三十日朱铎民来访马一浮，他正在书院为学生作本学期第七次讲课，内容为《洪范约义》之“三德”。据记载，当天武汉大学教授吴其昌介绍的学生石钟也来到书院听讲。

一九四一年底，朱铎民因病辞职将离开乐山，马一浮为其作诗《铎民尊兄将去嘉州书此赠别》：“鶗鴂声中送子行，鸱夷泛宅一身轻。凌云寺下桃花尽，石佛凌波却有情。”此后，马一浮依旧十分关心朱铎民的个人情况。一九四二年二月二十二日，朱铎民函告马一浮，将赴第八战区，请辞书院基金保管委员。十月二十六日，马一浮收朱铎民从自贡自流井寄来的书信，始知其暂时回来，且年内有返乐山之意，极为高兴，“既慰且望”。次日，马一浮立即回信朱铎民说：“往得成都来教，闻将赴第八战区，竟未知其地何在，无从通讯，但有怅惘。”马一浮在信中还反对朱铎民出家想法，他说：“若论佛法，究竟实无世间可出。菩萨视生死如游园，观今日世途荆棘，特如行废园荒径而已。若待庄严，亦赖自身。仁者题其居曰‘维摩室’，则出世已竟矣，何须更出？”

同时，马一浮对朱铎民请其函介引见弘一法师作了回复，“弘一法师亦久无消息，闻仍在泉州，想安隐无恙。”令人十分痛惜的是，次年四月十九日马一浮致信朱铎民说，弘一法师近日已圆寂，并将他与谢无量以前写的各两首诗，“今以录奉，亦缘公于弘师，久欲参承，当同赞仰也”。后来朱铎民在致丰子恺信中仍为此事念念不忘，将未能见上弘一大师“引为生平第一憾事”。一九四三年九月二十七日，朱铎民从自流井来访马一浮，傍晚至复性书院，并下榻至十月七日告辞。其间，马一浮在《铎民将如南华礼虚云长老索诗为别书此赠》诗中写及：“我闻普贤古真人，一一毛孔皆出云。一云普现无边身，无言何用持赠君。”一九四五年二月，日军撤退经过乐清瑶岙时，放火焚烧了五座民宅，其中就有朱铎民的，马一浮得知消息后伤心地作了一首《慰朱铎民故宅灾》七律长诗寄送给朱铎民，可见两人感情深厚程度。

与此同时，复性书院创办帮助了朱铎民结交文人。据统计，仅同被聘为书院董事的赵熙、谢无量、沈尹默三人赠送给朱铎民的诗作现存达十七首，还有一批信札和墨迹。赵熙为清末民国四川大儒，谢无量是孙中山的《建国方略》征求意见者之一，沈尹默曾与陈独秀、鲁迅等同办《新青年》。“马、熊二老龃龉之事，前已略有所闻，而熊先生竟尔拂袖而去，则接大函始知之也。开学讲录，马能综其要，熊则不免芜杂，尊论极当。……”（一九三九年）十月二十一日朱铎民在回复王献唐信中，还就马一浮和熊十力意见不合大论了看法。叶圣陶这年六月十九日致夏丏尊的书信也谈论了马熊之争。另外，《黄炎培日记》记载，一九三九年十二月二十三日，黄炎培和朱铎民以及韦润珊、马玉泉、方刚过江，先至乌尤寺，复往复性书院访晤马一浮，谈次并观诸生读宿所，次至大佛寺旁，访晤王献唐。黄炎培为中国近代职业教育创始人。

抗日胜利后，一九四六年五月马一浮将复性书院迁至杭州西湖葛荫山庄，一九四九年四月改组为儒林图书馆。据记载，复性书院自一九四〇年开刻至一九四八年停止刻书，已刻《群经统类》十一种二十一册、《儒林典要》十七种十七册，其中各有一种刻未成。还值得一提的是，朱铎民亲手将其咏莪堂全部藏书及拓本捐赠给温州籀园图书馆（今温州图书馆）后，一九四九年他与好友李子宽、赵恒惕等人在台北创办了第一家“台湾印经处”，理由是“台湾受日本统治五十年，文化出版事业受到压抑，连带着佛教经典也极端缺乏”。此后十三年，印经处共出版经书一百五十五种，约计四十三万册。朱铎民因此被称赞为“对台湾佛教有过重大的贡献”。

被重新发现的伍霖生

陈　纬

近代瑞安多望族，黄家、孙家声名遐迩。而云周乡屿头村的伍家也是才人辈出，“一门四院士”广为传颂。这“四院士”指的是身兼民国中央研究院院士和中国科学院院学部委员的我国生物学奠基人伍献文；伍献文的侄子、大气科学家、中国科学院院士伍荣生；伍献文表弟、天体力学家、中国科学院院士孙义燧；伍献文女婿、鱼类学家和淡水生态学家、中国科学院院士刘建康。伍家还出了大名鼎鼎的诗人、曾任民国中央大学文学院院长的伍叔傥，他是伍献文的堂侄辈。而伍献文的儿子伍霖生，则是新金陵画派名家、国画大师傅抱石唯一入室弟子。

之前，我因职业关系，对伍霖生偶有耳闻，然了解不多，更不知他与我是同乡。二〇一七年八月，我收到伍霖生公子伍强的来函，邀请我参加在中国美术馆举办的伍霖生遗作展，并表达要将伍霖生遗作悉数捐给家乡的意愿。在之后整理接收伍霖生作品捐赠的过程中，我对这位乡贤的人品艺品有了深入的了解，为家乡出了这么一位山水画大家倍感自豪。

伍霖生

伍霖生一九二四年出生于瑞安老家屿头村，八岁离开家乡，随家人迁居南京。抗战军兴，为避战祸，十三岁的他曾迁回老家一年，之后辗转桂林、重庆、南京，直至二〇〇八年去世，他再也没有回到家乡瑞安。伍强告诉我，父亲异客他乡一生，让他的遗作回到故乡是父亲生前的遗愿。

二

伍霖生从小就对绘画有浓厚的兴趣，尚牙牙习语时便开始临《芥子园画传》。在出了一大堆科学家的家族里，伍霖生最后成为一名画家，算是伍家最没“出息”的一位了。对幼年伍霖生表现出过人绘画天赋，不知当时的伍家人是如何看待的。八岁时父亲伍献文从巴黎大学理学博士学成归国，在南京中央研究院任职，并兼任中央大学生物系主任、教授。与时任艺术系主任的徐悲鸿熟悉，这让于南京莲花桥读小学的伍霖生课余有机会常到中央大学艺术画系画室，观摩画家们创作。

抗战爆发，伍献文全家迁回瑞安一年。伍霖生于瑞安中心小学毕业，以全优成绩保送入瑞安中学。虽只有短短一学年，伍霖生一直作为瑞安中学历年优秀学生代表载入瑞安中学校史。

抗战期间，伍霖生先后就读于广西阳朔桂林中学、重庆北碚兼善中学、中央大学附属中学。中学期间，他一直保持对绘画的极度热情，积极参与课余出墙报、办学刊、绘剧团布景等活动。

直至一九四三年，十九岁的伍霖生在堂兄伍叔傥教授陪同下，参观在重庆举办的“傅抱石教授画展”，由伍叔傥介绍，认识傅抱石先生，对傅先生的艺术仰慕之至，决心报考中央大学艺术系。翌年，他高中毕业，顺利考入中央大学艺术系，从此追随傅抱石一生。

在中央大学，伍霖生学的是综合绘画，傅抱石教的是美术史，他从未教过学生水墨画创作。傅先生也从没有对人当场作画，只是到了后来伍霖生成为南京师范学院时期傅抱石的助教，成为傅先生唯一的入室弟子，才得窥傅先生的创作奥秘，得傅氏真传。正如著名画家亚明所言：“抱石先生写画，他人不得入室，绝不示人，妻儿亦然，唯霖生兄可按纸案前。知抱石先生作画者唯伍君一人，认傅翁之画者，霖生当然。”

考上中央大学艺术系，伍霖生一开始便展露过人的绘画天赋。一年级作品汇报展上，徐悲鸿陪外国朋友参观画展，伍霖生的一件水彩风景被外国朋友看中购买。二年级时，他与游涌等人组织美术社团“野马社”，参与进步学生活动，得到徐悲鸿先生支持。徐先生曾作奔马图相赠，上题“直需此事非常夜，漠漠洪荒有尽头”句，可惜这件作品在“文革”中失

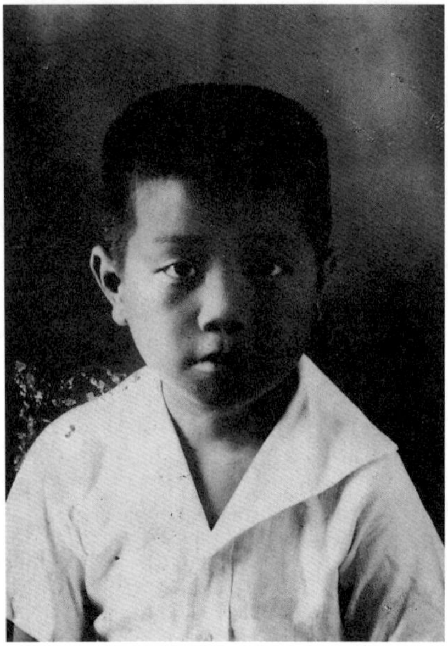

一九二九年的伍霖生。

一九四九年伍霖生于南京。

落，不知所终。

抗战胜利，中央大学从重庆迁回南京。伍霖生继续以画笔为武器，参与进步学生运动。一九四七年五月二十日，南京进步学生发动“反内战、反饥饿、反暴徒”运动，遭到国民党军警镇压，造成“五二〇”惨案。伍霖生和游涌冒险到上海寻找关系筹措资金，印刷反映“五二〇”惨案的画册《拿饭来吃》，于当时白色恐怖情况下出版，又将画册运回南京。这件事，给伍霖生今后的工作与生活带来一定的影响。

一九四八年从中央大学毕业，恰逢国共内战，直至一九四九年南京解放，伍霖生才领到毕业证书。他在寻找工作的过程中，巧逢在南京军管会的同学，对他在校时期的进步表现和绘画才能有所了解，便介绍他到军管会从事美术工作，担任军管会文艺处美术股股长。

这时期，军管会在南京傅后岗分给伍霖生一个住处，隔一个街口便是傅抱石的家，与傅家毗邻是徐悲鸿的家。他经常去两位大师家做客求教。不久，原中央大学改为南京大学，他从军管会调入南京大学美术系任教。一九五二年大学院系调整，南京师范大学成立，傅抱石任美术系主任，伍霖生任助教，开始与傅抱石同事，并正式成为其入室弟子，朝夕相处，得到傅抱石直接悉心的指导，从此继承弘扬傅氏艺术、为祖国山河立传成了伍霖生毕生的事业。

二

傅抱石十分喜欢伍霖生温和敦厚的性格，欣赏他坚忍不拔的个性，视其若子。傅家与伍家十分亲密，彼此不分。伍强回忆，小时候他常与傅家儿女们玩在一块，彼此以兄弟相称。两家人的辈分有点乱，伍霖生要儿子喊傅抱石为“傅爷爷”，而傅家孩子叫伍霖生为“伍叔叔”。

傅抱石作为新金陵画派的领袖，实际上他几乎没有绘画方面的学生，甚至很少有人见过他的创作。因此新金陵画派实际上只是重视写生这一概念，于技法上却是各各不同。唯有伍霖生一人继承了傅抱石的衣钵，成为傅氏艺术的传人。伍霖生在《傅抱石艺事纪实》一文中写道：“外界传说抱石先生作画有秘诀，说先生在密室中作画，不让人观看。其实这是极大的误解。抱石先生作画时确实不让人进他的画室，包括他的儿子和女儿，但绝不是保守‘秘诀’。”实际上，这是傅抱石创作独特的习惯。伍霖生生动地回忆傅抱石作画时的情境。傅抱石作画前需要喝酒，“坐在沙发上手握高脚酒杯，自酌自饮，默默思考，酒饮至八分时，构思也逐渐成熟。然后起身，默望纸出神，然后用手指在纸上比画定位，再拿起笔醮满墨，在纸上淋漓落墨，运笔速度极快，只听见笔在纸上沙沙作响，时而由一角运笔到中心，时而又从中心运笔到另一边，只见笔在纸上飞舞，有时是枯墨，有时醮水变成淡墨，有些地方是先浓墨后加淡墨，有些地方是先淡墨后加浓墨，满纸墨迹，很难分清山、树、瀑、泉、云的具体形象，但在抱石先生一气呵成之后又自然‘物化成形’、山清水秀了，令人惊叹不已”。傅抱石作画穿得很少，一般只穿一件中式衬衫，一条中式短衬裤，肩袖宽大，不妨碍其挥洒自如。他作画常满头大汗，一条干毛巾搭在肩上随时用于擦汗，场面不太雅观。再是傅先生以他的“心神”作画，全神贯注，不得有任何干扰影响他的思路，因而谢绝有外人在场。傅抱石作大画需要有助手帮忙调颜料、换水、理纸拉纸，还要用喷壶喷水，用电熨斗熨画，甚至局部需要挖补，这些活就让伍霖生干。因此，伍霖生几乎见证了傅抱石每件大幅作品创作的过程。傅抱石习惯用皮纸，解放前用的是四川皮纸，解放后喜欢用温州皮纸。伍霖生创作也用家乡的皮纸。他深深体会老师的创作技巧，领略老师的艺术精神。他说傅抱石先生的创作是“入神画中”，只有将全身心的激情倾注沉浸其中，才能创作出意境深远的佳作。

傅抱石对伍霖生十分信任，每次外出都让伍霖生陪伴左右。一九五八年伍霖生陪傅抱石到北京参加政协会议，会议间隙，两人到荣宝斋。店主向傅抱石推荐一对六面殷红的鸡血石，清透如冻。傅抱石啧啧称奇，爱不释手。无奈索价八百元，令他悻悻作罢。回到住处，他闷闷不乐，坐卧难安，一直挂记那对宝石。晚上更是辗转反侧，久久不能成眠。与他同住一室的伍霖生见状，对老师说："先生何不画几幅画，换下那对鸡血石？"傅抱石大喜，说："对呀，我怎么就没想到这个办法呢。"第二天一早，两人又来到荣宝斋，议定以傅抱石的十幅画换石，由伍霖生写下八百元的欠条，傅抱石终于高兴捧得宝石归。这对鸡血石还有下文。一九五九年，傅抱石应周恩来总理命，与关山月合作，为北京人民大会堂绘制巨幅国画《江山如此多娇》，请毛泽东主席题画名。毛题字向来无用章的习惯，傅抱石便用这对鸡血石分别刻了朱文"毛泽东"、白文"毛润之印"两方印章，托陈毅赠送毛泽东，成为一段佳话。

三

"代山水而言也"，是傅抱石早年常用的一方闲章，他的艺术创作强调"师造化"，一生服膺石涛。《苦瓜和尚画语录》云："山川使予代山川而言也，山川脱胎于予也，予脱胎于山川也，搜尽奇峰打草稿也，山川与予神遇而迹化也。"这是傅抱石的座右铭，也是伍霖生追求的境界。

追随傅抱石，成为其弟子开始，伍霖生便按乃师的教诲，以生活为素材，以大自然为师，坚持写生。每次创作前，他都积累大量的写生素材。一九五三年暑假，他去我国第一个大型水利工程——安徽佛子岭水库写生、体验生活，画了大量钢笔、水彩写生的画稿，回来后创作中国画《佛

一九五五年，和南京大学美术系同仁合影。后排左四傅抱石、左一钱松嵒，后排右一伍霖生。

子岭水库》。作品后来入选第二届全国美术展览，一举成名。

从此，每年暑假都成了伍霖生离家外出写生的时间。一九五四年暑假，傅抱石建议他走出来，到大自然中寻找创作源泉。根据傅先生推荐，他背负行李，赴浙江天台山写生。傅先生告诉他："天台石梁瀑附近，由于落差变化比较大形成各式流泉、瀑布，是解决山水画中水口、流泉、瀑布最好的写生去处。"天台山离县城四十多里，那时山上没有招待所，他不畏甘苦，自带干粮，便住在石梁飞瀑边的一个山庙里，一住就是两个月。观察瀑布在不同天气下的变化，每日不断，细细揣摩，对水写生，终于得心应手掌握流泉飞瀑的技法，成为他日后创作的一大亮点。

傅抱石向伍霖生一再强调"师造化"是成就一个画家的创作之源。他教导伍霖生："'师造化'的道路是学习中国画唯一正确的道路。先去画树木，由单株大树到数株成林的丛树；再去画石、画山峦、画峰岭；进一步再去风景优美的地方作整幅山水画的写生。黄山、太湖、长江三峡、富春江等地都是山水画极好的写生去处。"

一九五五年暑假，伍霖生第一次上黄山写生，傅抱石向他布置了以"黄山松云"为题的写生"作业"。第二年暑假，又以"黄山云峰"为题再上黄山写生。这一次，他进一步掌握了画"松""云""峰"的笔墨技巧，带回了数十张黄山峰峦、云霭、奇松的写生作品。傅抱石对每一件作品逐一细心分析，对爱徒的进步与勤勉十分欣慰，镌刻一方印章"黄山归来"相赠作为奖励。这一年，《人民日报》《文汇报》先后发表了伍霖生以黄山为题材的《山雨欲来》《黄山云海》等作品，为画坛所瞩目。黄山是伍霖生山水生涯取之不尽的题材，一九六四年他第三次上黄山，根据前两次写生的积累和傅抱石的指导，将黄山的山石松云整合速写，写生百余幅作品。三上黄山，使之全面掌握傅氏山水的精髓，终于使他成为一位技法全面成熟的山水画家。

一九五八年，傅抱石调任江苏省国画院院长，由伍霖生继任南京师范学院美术系国画教研室主任。

四

新中国成立以后，在“两为”方向的指引下，中国画家自觉以表现新社会的现实生活为题材，技法在传统基础上有了崭新的创新。人物画方面，融合西方油画技法，产生以徐悲鸿、蒋兆和为代表的“徐蒋体系”，浙江出现“新浙派”等。而在山水画，以傅抱石为代表的“金陵画派”和以石鲁为代表的“黄土画派”等流派，代表着中国新山水画的全面创变。其突出特点是以写生为主要手段，在技法上以传统笔墨为基，同时借用了西画的一些特点，出现了前所未有的新技法，为中国山水画开辟出广阔的空间和崭新局面。在众多新山水画创变的开拓者中，伍霖生幸运成为这一群体的一员。

伍霖生始终遵循老师的“代山川言”的艺术道路，深入生活，体验生活，从大自然中撷取源源不断的创作素材。他的一生都在写生中。读伍霖生年谱，从一九五三年开始到一九九二年，除“文革”最激烈的五年外，他几乎每年都在写生的路上，踪迹走遍神州。为描绘富春江色，曾两次从钱塘江口沿江徒步跋涉而上，沿途作画。他曾数度回到少年时代生活过的巴山蜀水，攀越高耸入云的二郎山和大小凉山，跋涉水流湍急的大渡河。他更不止一次地游历秀丽的漓江、挺拔的华山、险峻的泰山，从真山真水中完善山水技法，为河山立传。二〇一七年八月在中国美术馆举办的“墨韵河山——伍霖生艺术展”上，展出伍霖生一幅历年写生的路线图，详细展现了他写生足迹遍及华南的广东、广西，华中的湖北、湖南、河南、江西，西南的四川、贵州、重庆，东北的黑龙江、吉林、辽宁，华东的江苏、安徽、浙江、福建、山东，除西北、华北外，可谓走遍大半个中国，他以自己的写生实践践行了傅抱石的绘画思想，在大自然中“搜尽奇峰”，在不断的写生中探求山水画的创新，在师造化中开辟艺术新境界。

傅抱石可谓是二十世纪新山水画创新的最突出代表。伍霖生把整理、研究老师傅抱石的艺术作为他毕生的事业。我见过伍霖生的文稿，几乎每篇都是关于傅抱石的研究。他说从“五十年代起，我养成了一个习惯，先生讲课、学术演讲、座谈会上发言、与同行交流，或对学生作指导，我都倾心聆听，详细记录。……二十余年中我记录抱石先生谈话资料二十大本”。由他整理出版的《傅抱石谈艺录》成为公认的研究傅抱石的经典，全书分别为《中国山水画的发展》《中国画的特点》《谈山水画写生》《论皴法》四篇文章，高度概括傅抱石艺术的基本思想，表明中国山水画最高的追求在于“畅写山水之神情”。山水的神情，表现在画面上就是富有感染力的意境，是真山真水的心灵化、意象化，即石涛所言“山川与余神遇而迹化也”。伍霖生将傅抱石的写生步骤归纳为“游”“悟”“记”“写”四个字，并做了详细讲解。他的艺术实践也深切践行着乃师的艺术主张，“外师造化，中得心源”，将写生中获得的生活活力和自然生机注入到传统笔墨形式之中，正如中国美术馆馆长、著名雕塑家吴为山所言：“伍霖生笔下的很多山水画并非特指固定的名山大川，完全将多年来对于造化的感悟，历练成心中的山水意象，在放笔之中直抒胸臆，使山水成为他自我精神的映照。”他创作的大量山水画，为当代山水写生树立了典范，无疑与他同时代新金陵画派的画家们一起构筑起当代山水画的新篇章。

五

长期以来，伍霖生似乎很少被外界所了解，对其艺术地位及成就在业

一九七三年，伍霖生等人在太湖写生。

一九七七年六月，郭沫若与江苏画家。前排左起于立群、郭沫若、钱松嵒、亚明、宋文治，后排左二伍霖生。

内也一定程度上被忽视。其中原因在于作为傅抱石的嫡系弟子，伍霖生终其一生以学习、研究、传承、传播傅抱石的艺术及其艺术思想为己任，长期被大师的光环所遮蔽，绝少宣传推广自己。这是其一。

二是由于历史的原因，伍霖生一直没有列入“金陵画派”代表画家的名单中。“金陵画派”源起于一九六〇年“江苏国画工作团”的二万三千里写生，成员有傅抱石、钱松喦、亚明、宋文治、魏紫熙等，都是江苏国画院的画师。作为傅抱石助手与弟子的伍霖生，本应是其中一员，只是他接手傅抱石担任南京师范学院美术系国画教研室主任，担任着教学的任务，客观上不允许参与写生团。直至一九七八年调入江苏国画院，才结束长期的教师生涯，专事山水画创作，长达三十余年，使他的艺术进入新的阶段，为后期“新金陵画派”的发展作出重要的贡献，无疑应是其中的重要代表。但历史好像给他开了一玩笑，对“新金陵画派”研究一般都着眼于当初时“写生团”几个人，伍霖生长期被研究者所忽略，以至不见于代表画家之列。直至他逝世后近十年，二〇一七年中国美术馆举办“墨韵河山——伍霖生艺术展”，伍霖生才得以重放光彩，回到画坛和理论界的视野，给人一个惊奇与发现。

被忽略与沦落，伍霖生似乎并不在意，这是他的个性使然。也许这正是他默默无闻的主要原因。亚明说他“霖生兄胸襟宽阔，为人正直而和顺”。他从不与人争名利，一直沉浸于自己的世界，性格随和宽厚，做事谨慎认真，为人单纯低调，这种品格对儿子伍强产生极大的影响，我在与伍强的接触中真切地感受到这种与世无争的禀性。

二〇二一年三月十日，在蒙蒙细雨中，伍强陪我在南京寻访乃父生活与工作过的踪迹。从傅后岗到水佐岗，再到莫干路，一路上，伍强给我讲述伍霖生的一些片断，零零碎碎，却勾勒着一个率直、单纯、认真、豁达的平凡普通人的形象。在伍强的记忆中，父亲作画的时间是在天没亮的凌

伍霖生作品。

晨，等到他起床，父亲已上班去了。因此，他很少亲眼见到过父亲作画的样子。画家张艺是伍霖生为数不多的学生之一，当年随伍先生学画的日子至今历历在目。她说那时都是在凌晨四点钟于睡眼惺忪中来到莫干路老师的画室学画，有时来得早，就坐在画室边的木楼梯上静静等老师起床。那时还有一位从安徽来的学生，每周赶一回火车来南京，也是凌晨向老师学画。莫干路当时住着一些特殊的人物。伍家隔壁是张震将军的家，更远处便是许世友司令员的住处。伍强说伍家与张家邻里关系和睦，小时候经常翻过墙去，与张震将军的孩子厮混在一起，很平常，从没有因这层关系寻谋任何好处。“文革”中，红卫兵常来抄莫干路住户们的家，但从未抄过伍霖生的家，抄家的红卫兵说他敦厚，待人和善。伍强还告诉我，母亲张和生是一名受人爱戴的教师，曾被评为全国劳动模范。

二〇二〇年十二月，伍霖生作品捐赠项目完成，浙江美术馆共接收伍霖生各个时期代表中国画代表作品及文献共一百七十九件（组）。二〇二一年四月，伍霖生作品捐赠被文化和旅游部评为二〇二一年度国家美术作品收藏与捐赠奖励项目。同时，“代山川言——伍霖生画展”在浙江美术馆隆重开幕。伍霖生，必将重归当代中国山水画历史的视野，而我作为他的后辈老乡，为直接参与这项工作而倍感荣幸与自豪。

二〇二一年四月六日匆匆初稿

六十年前的一起“下海投敌”案

金丹霞

八十四岁的林鸿鑫是温州的名人，当年的“茶花大王”，今日园林盆景界的大师。

他至今保留着一九七四年七月十一日由浙江省金华县革命委员会出具的“摘帽证明书”。这份证明书编号为（74）金公摘字第201号，纸页已发黄，中间有一条自上而下的折痕，左上角、右上角均有明显的大块霉斑。

这张保存了四十七年的证明书上写着：查林鸿铭，男，现年三十七岁，家庭出身工人，本人成份学生，温州市十里坪农场五大壹中队人。现经群众审议同意，县革委会批准，予以摘掉反革命帽子，恢复公民权利，特此证明。

林鸿铭是林鸿鑫早年的名字。他三十九岁结婚时，因老丈人名字中也有“铭”字，故改名“林鸿鑫”。这份证明书其实写得很不严谨，“温州市十里坪农场五大壹中队”这个地名不存在。林鸿鑫是温州人没错，但

“十里坪农场五大壹中队”并不在温州，而是在金华，是林鸿鑫恢复公民身份之前所在的劳改农场。

从一九六〇年被捕入狱，到一九七四年摘帽，林鸿鑫失去公民权利十四年——虽然他被判处的刑期是五年。他的罪名是“下海投敌”。

一

距当年被捕已经过去六十多年了，林鸿鑫仍清楚地记得那一幕：

一九六〇年六月四日清晨，五点左右。还没起床的林鸿鑫突然听到外面有人叫着他的名字：林鸿铭！林鸿铭！外婆忙去开门。五六个人就冲了进来。林鸿鑫赶紧起床，只见这几个来人都穿着警服。当他们确认眼前的年轻人就是林鸿鑫后，一把揪住他，亮出了手铐。

看到警察的那一瞬间，二十三岁的林鸿鑫心里已经明白：事情还是暴露了。

那天林鸿鑫并没有住在市区皮坊巷自己父母家中，而是住到了仓桥巷举人坦舅舅家。因为过几天他们可能就要行动了，他本能地觉得应该小心谨慎，避避风头。可是终究没能躲过去。舅舅家大儿子也被一同带走，接受审讯。

林鸿鑫很害怕，不知道自己面临的将会是什么。“我们那群人里有公安的，叮嘱过我们不能乱说，如果传出去就危险了。”

“那群人”一共九个人，都在同一天经历了林鸿鑫同样的遭遇。

相比而言，文化部门干部沈沉遇到的情形比较文明。因物资匮乏、生活困窘，担负着一家人生计的沈沉一大早就出门去找食物。上午九点多，他刚进家门，看到一个穿着公安制服的人在等他，说要请他去谈话。沈沉心知不妙，将口袋里的钱包、物品全部掏出来留给了母亲。

青年林鸿鑫

林鸿鑫的工友朱永彬被逮捕的时候还企图逃跑。他也是凌晨五点左右被公安局的两个便衣人员从家里带走的，但他没有被戴上手铐。朱永彬住在信河街蛟翔巷，对附近地形很熟。在一条小巷子里，他突然一把推开两名便衣，夺路而逃。可当时天刚蒙蒙亮，心急之下，慌不择路摔了一跤，结果被便衣赶上来摁在地上，束手就擒。

温州玻璃纤维厂职工张璜则表现得非常激烈。他被抓进公安局的时候，吞下了砒霜。那是厂子里用于澄清玻璃和去气泡的，他带在身边以备不测。结果周围的人把他按住，七手八脚撬开嘴巴，灌进泡开的高锰酸钾。他一阵剧烈呕吐，没能死成。

其实，这群同日被捕的人彼此间并不完全认识，只是因为有共同熟识的朋友相互串联，结果成了拴在一根绳上的蚂蚱。他们有个共同向往的目标：香港。

二

二十世纪六十年代，不经合法的手续前往香港，成为当时南方多地一股汹涌的暗潮，学者称之为“大逃港”。据中国新闻网二〇一二年九月九日转载《羊城晚报》报道，从二十世纪五十年代初到七十年代末，深圳边境大小规模的偷渡外逃事件屡屡发生。其间，仅一九五七年、一九六二年、一九七二年和一九七九年由深圳出发的四次大规模逃港潮，逃港人数就达五十多万人。这被认为是冷战时期历时最长、人数最多的群体性逃亡。深圳记者、作家陈秉安著《大逃港》一书，二〇一〇年由广东人民出版社出版，首次揭秘了大逃港事件。

当年逃港的方式，可分为走路、泅渡、坐船三种。按路线，则有东线、中线、西线之别。由西线泅渡通常是首选，即从蛇口、红树林一带出发，游过深圳湾，顺利的话，大约一个多小时就能游到香港新界西北部的元朗。广东人把这种水路偷渡称为“督卒”，借用象棋术语，意即“有去无回”。中老年、妇女、儿童一般选择陆路，从深圳梧桐山、沙头角一代翻越边防铁丝网。

经过多年采访调研，陈秉安总结了“逃港”潮在不同时代下的背景。新中国成立初期的逃港，主要是因为政见不同，以国民党残留人员和所谓“地富反坏分子”居多。一九五七年、一九六二年逃港主要是由于国内生活条件差，历次政治运动又使得经济问题雪上加霜。一九七二年逃港的主要是知识青年，他们看不到回城的希望，感觉前途渺茫，萌生了逃港的念头。一九七九年的逃港则是由一则“伊丽莎白女王诞辰时香港将大放边境三天”的谣言引发的。

林鸿鑫想去香港是因为他的姨妈在香港。姨妈早年嫁给了香港的一个老板做小老婆，不时会寄回港币接济生活困窘的娘家人。“一百块港币可以换成三十九块人民币，还有油票、肉票、粮票带过来，多好啊！”这让聪明勤快却难以解决家人温饱的林鸿鑫从心里羡慕，“我们那时生活太苦了”。姨妈的儿子年龄小，要继承其父产业还显得力不从心，姨妈就想让能干的林鸿鑫来香港辅助儿子。当时在九山印刷厂（后改名为温州印刷厂）工作的林鸿鑫，看不惯不懂业务却瞎指挥的厂长，多种因素的叠加让他对姨妈的邀约动了心。

林鸿鑫同案的九个人中有三个“右派分子”。一个是原在温州市文化处工作的沈沉，二十八岁，因在《浙南日报》上发表杂文以及平时的言论成为右派；一个是原在福建省森林工业局工作的朱永彬，二十五岁，打成右派后回到温州老家，被安排在九山印刷厂做工，和林鸿鑫成了工友；还有一个原浙江省公安厅一处的干部叶永祥，二十七岁，被公安厅内部处理，也回到温州。三个“右派”彼此间认识，沈沉和叶永祥本来就是同学，而沈沉和朱永彬因为都爱好小提琴，常在一起演奏自娱。

沉浸在音乐世界中的朱永彬一门心思想出国学小提琴，冼星海、聂耳都是他的榜样。如果不是反右，他已经进入上海音乐学院深造了。满脑子浪漫理想的朱永彬觉得自己到香港后肯定饿不死，他可以到餐馆、茶座去拉琴卖唱，有一定积累后就去读书。

这群人中还有个很特别的人，就是自杀未遂的张璜。被捕时他的身份是温州玻璃纤维厂的职工。其实他是位“老革命”，解放前参加地下工作，曾担任温州市公安局侦察科长，抓特务、土匪，侦破大小案件几十起，荣立过一等功。然而正春风得意时，不料他手下一名侦察员带着两名托派要犯逃跑了。这下张璜受到牵连，先是去干校学习，后被调离公安队伍，成为企业的一名技术员。

当年已三十七岁的张璜，是他们中年纪较大的一位。他和朱永彬曾是第一期地委干校的同学，两人处境相仿，意气相投，坐在一起发牢骚。朱永彬便怂恿张璜跟他一起出走，他们讨论着“要走就从海上走，比较安全”。被捕后，张璜被认定是这起案件的组织者、策划者，因而也获刑最重，甚至险些丢了性命。

其余四人中有两人分别为海坦化工厂、温州电机厂的职工，当时都只有二十多岁。还有一对谭姓父子，父亲是瑞安县化学工艺厂的会计，四十四岁；儿子年仅十八岁，是龙泉巷小学的代课教师。瑞安县化学工艺厂其实是林鸿鑫在丽岙（今属瓯海区）办起来的一家小厂，厂里的会计、出纳都是他的朋友，大家彼此商量着说好一起去香港谋条生路。

多年后，林鸿鑫才知道，告发他们的是瑞安化学工艺厂的出纳。出纳将出走香港一事告知了父亲。其父是劳改犯，刚保外就医回到家中，一听儿子的话，吓坏了，要儿子赶紧去自首。就这样，一个企图“下海投敌”的“犯罪团伙”轻而易举被一网打尽。

三

他们被关在原人民广场后面的看守所里，关了两年多。那两年正是二十世纪六十年代初的“三年自然灾害”时期。

张璜对那两年最深刻的记忆是“饥饿”：长期饿肚，又死不了，比什么刑罚都痛苦。饿得实在受不了，就把家中送来的草纸放在水里一浸，做成汤圆状噎下去。吃草纸后，大便出不来，很可怕，以后就不敢尝试了。有时就吃些牙膏，奇怪的是，越吃越饿。

朱永彬则发明了一种吃饭的方法。看守所里只有两顿饭，早饭是稀

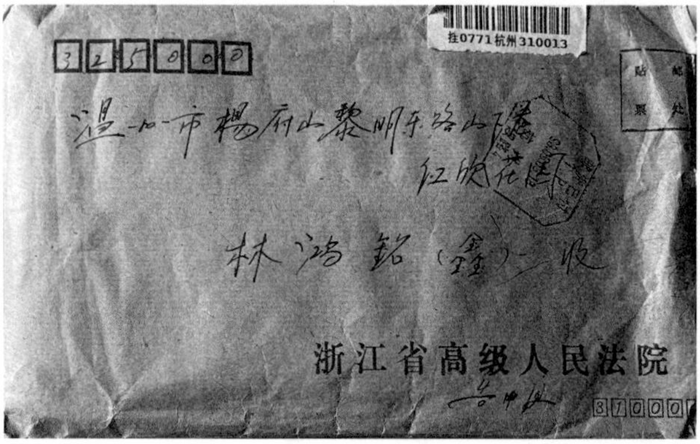

林鸿鑫至今保存着省高院邮寄给他的有关材料。

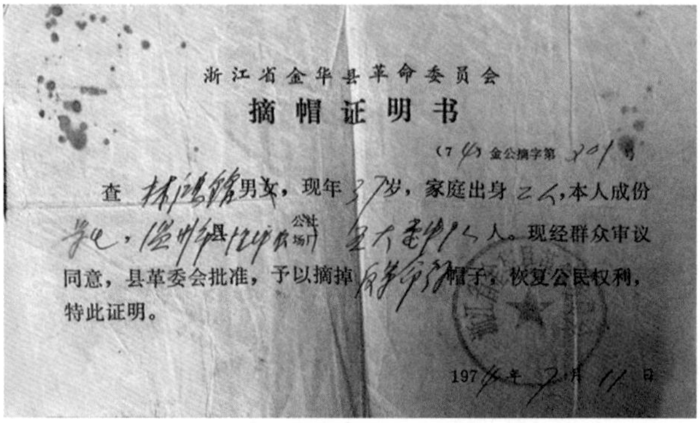

浙江省金华县革命委员会

摘帽证明书

（7 ）金公摘字第 号

查 男女，现年 岁，家庭出身 ，本人成份 ， 县 公社 农场 人。现经群众审议同意，县革委会批准，予以摘掉 帽子，恢复公民权利，特此证明。

197 年 月 日

林鸿鑫摘帽证明书。

粥，下午是米饭，每人两大口的量，配菜是冬瓜皮和茄子蒂。朱永彬用竹签戳着米粒，一颗颗地吃，这样可以吃一个下午，感觉一直在吃饭，以安慰舌头和心理。朱永彬数过，两大口米饭的量是两千五百到三千颗米粒。刚进看守所的新犯人对朱永彬的发明嗤之以鼻，但不多久都开始学着他的样子，一颗颗数着米粒度过煎熬的分分秒秒。

一九六二年九月二十一日，温州市人民法院（61）刑字第185号刑事判决书下达。法院经审理认为：一九六〇年四月间，朱永彬、沈沉、叶永祥、谭璜、林鸿铭、徐品刚、谭立森等人，由于各自的生活原因，相互间流露出到外国或香港、台湾等地谋生的意念。张璜、黄炳武从中串通，策划结伙从海上偷越边境到台湾或香港，并指使林鸿铭以瑞安化学工艺厂运金刚砂到洞头的名义，与永嘉乌牛运输社订立了租船合同，付了定金一百元。决定于同年六月五日起航，图谋在途中威胁、毒害船工的手段，夺取所租用的船只，作为偷越边境的工具。由于我公安机关及时破案，他们的意图才未能实施。

法院宣布：判处张璜无期徒刑，黄炳武有期徒刑十五年，朱永彬、沈沉、叶永祥各有期徒刑十年，谭璜有期徒刑七年，林鸿铭、徐品刚各有期徒刑五年，谭立森有期徒刑三年。

判决后，张璜不服，提出上诉。一九六二年十二月四日，温州地区中级人民法院作出（62）刑特上字第4号刑事判决，驳回上诉，维持原判。

判得最重的张璜被押解西北劳改农场。辗转多处，最后在青海服刑。他因为表现好，不断减刑，先是从无期徒刑减为有期徒刑二十年，后来又减为十八年。一九七九年他终于被释放回家。此时他已五十六岁。被捕那年他的儿子十岁，出狱时他的孙子也恰好十岁。

那些年，这批同案人员陆续获释。

林鸿鑫虽然刑期五年，但刑满后仍不能释放。因为那些年正是蒋介石叫嚣反攻大陆的时候，这些劳改分子回到对台前线的温州，岂不又是危险分子？于是林鸿鑫作为留场人员，先后在杭州乔司农场、金华十里坪农场继续改造十年，直到一九七四年，三次立功后得到一纸“摘帽证明书”，才得以回家。

沈沉十年刑满后，留在金华劳改农场继续改造八年，于一九七八年获释。除了“反革命分子摘帽证书”外，四十六岁的沈沉比林鸿鑫还多了一纸“右派摘帽证书”。

朱永彬十年刑满后，又留场十年，于一九七九年十二月回到家乡。

他们和全国人民一起迎来了改革开放的春风、拨乱反正的良机。

这批几乎都已年过半百的“同案犯”重又串联在一起，奔走申诉。一九八六年十二月九日，距离入狱二十六年，他们等来了一纸宣判。

温州市中级人民法院刑事判决书（86刑申字第70号）认为，他们“由于受错误思想影响企图偷越边境到台湾、香港等地谋生，并非出于反革命之目的。其中张璜、黄炳武为首策划结伙偷越边境，主谋用威胁、毒害船工的手段夺取船只，并进行了犯罪预备，情节严重，已构成偷越边境罪。朱永彬、沈沉、叶永祥、谭璜、林鸿铭、徐品刚、谭立森企图偷越边境，但尚未付诸行动，情节显著轻微，不应以犯罪论处。”因此宣告：朱永彬、沈沉、叶永祥、谭璜、林鸿铭、徐品刚、谭立森无罪。但还留下了一个尾巴：对张璜、黄炳武免予刑事处分。

张璜不服，坚持上诉，将官司打到了浙江省高级人民法院。张璜申诉称：我没有主谋为首策划结伙偷越边境，也没有主谋夺船。请求改判无罪。

又经过了漫长的十二年的等待，浙江省高级人民法院经过再审，认为：张璜、黄炳武、朱永彬、沈沉、林鸿铭等人，出于各自的动机，策划结伙偷越国（边）境，并对出走的地点、路线、工具等进行了多次谋划，并准备了偷运工具，但其行为尚处于预备阶段，也没有造成后果，可不予犯罪论处。一九九八年三月二十五日，浙江省高院下达判决书：根据《中华人民共和国刑事诉讼法》第二百零四条、第二百零六条之规定，终审判决张璜、黄炳武无罪。

一场持续了四十八年的案件终于落下帷幕。

四

从监狱出来后，他们各自寻求谋生之路。

林鸿鑫开始做教玩具，全国各地奔走推销，赚了第一桶金。并且在三十九岁那年和支边回乡的平阳女青年陈习之结婚，婚后两人继续打拼，转而经营花木，成为温州有名的“茶花大王”。如今温州的绿化产业已交给子女打理，夫妻两人在深圳经营着东湖盆景园，其乐融融。

沈沉一度到街边观察小吃摊如何炸油条，他想开个早餐店以养家糊口。后来朋友介绍他到温州中学代课，颇受学生欢迎。“右派”摘帽后重新回到市文化系统工作，恢复了干部身份，成为温州研究南戏的专家。多年前已离休。

朱永彬出狱后则跟着表哥一起做广告生意。在那个百废待兴的年代，文化产业充满机会，他很快就发了财，“人家是万元户的时候，我已经是两万元户了”，后来又创办了多家企业。但即便出去联系生意，他也要带着把小提琴。那才是他一辈子的最爱。“我对她一分好，她回报我两分。我今天多练一下，她的声音就柔美起来了。”八十六岁的朱永彬依然活力四射，每天出门跳一个小时的国标舞，神采奕奕。

张璜出狱后，经过艰难的奔走，总算有了退休的待遇。“工龄从一九四九年五月算起，享受干部待遇，但算退休。实际上，又通过劳动局，把我作为一个解放前的老工人对待。”

张璜大高个，一表人才，解放前曾经是温州唯一一支乌鲤游泳队的队长，当年留下来的照片上俨然一个生龙活虎的英俊少年。抗战时他还和林斤澜一起演过话剧。生命的最后十年，张璜开始动笔写自己“七死八活”的人生际遇，这篇七万多字的文稿取了个标题《一个革命战士的经历》，刊发在二〇〇五年第九期《浙南火炬》上。

文章中他解释了当年判决书上说他企图谋害船夫的事情：“有一天，捉了一只家养猫，大家说杀了它烧年糕很好吃，便把猫放在麻袋里，可是谁也不知道怎样才能弄死它。我说，你们连猫都弄不死，还有什么用。一句话惹祸，以后在我的罪行判决书里，说这一句话，是在暗示杀死船老大！”

文章最后他写道：“今年我的腿开始走不动了，我的牙掉光了，我的耳朵聋了，我知道，我的寿命不长了。我什么都不去想了，什么也不再说了。”

二〇一二年，张璜去世，享年八十七岁。

林子渊先生事略

钱志熙

一

林子渊（一九一七—一九八九）名心澄，又名殷（就读无锡国专时用此名），以字行。浙江乐清人，居邑西万家乡。早年就读温州瓯海中学。九一八事变发生后，从一九三一年至一九三二年，瓯海中学连续发生抵制日货、响应"一·二八"京沪学生救亡运动拆除东洋堂的学潮。林子渊因学潮辍学，居家自学。一九三六年，自学考取章太炎创办的苏州国学讲习社，后来考取无锡国学专修学校。先在无锡读书，抗战爆发后，随校迁至上海，在国专沪校继续读书。其时国专名师除唐文治先生外，还有王蘧常（瑗仲）、钱仲联、冯振（振心）、周予同等人。

抗战时之江大学避日寇迁上海。林子渊的同乡、之江大学教授夏承焘在回温避难数月后，于一九三八年九月由温州返沪，仍回之江大学任教（时迁上海）。一九三九年三月三十一日，夏氏接到无锡国专演讲的邀请，并决定以“唐宋词变迁之背景”为题。四月份夏氏开始兼任无锡国专课程，授课每周文学史三小时、韵文选二小时。林子渊此时在学，夏氏成为他的授业师。《天风阁学词日记》一九三九年四月二十三日条：“赴无锡国学专修学校讲演唐宋词演变之背景，各校学生、各界人士来听者百人左右。十一时半，与公愚同归。夜天五留饭。誊予旧作各联语。写示寿予四十诗五古一。国专学生杨向时、林殷来。”看来是上午听完讲座之后，当天晚上，林子渊约上他的同学杨向时来拜访夏承焘，估计之前课堂上，两人应该已经通过同乡之谊。又《天风阁学词日记》同年六月十八日条：“林殷、严古津、倪龙南三生来，谈钱名山先生，古津尝从其学。”又同年七月五日条：“午后天五、林殷来，与商定玉岑词序。”天五即吴鹭山，此时亦以避乱居沪上，夏氏好友。其妹吴无闻后来成为夏氏夫人，其时以吴雯之名就读国专，与林殷同学。日记中说天五、林殷来，可见此时林子渊也已结交乐清同乡吴鹭山。两人认识，或由吴雯，或由夏氏。日记中说与吴、林两人商定词序，可见林殷这时与两人的关系是比较熟稔的。吴鹭山是夏氏同辈学人，精通辞章，与其商定自然是说得过去的。林殷当时还是学生，却也与夏、吴共同商定。初看可能会觉得夏承焘先生此记是因为两人同在座，连类而及。但林殷在无锡国专时，即多治王安石诗，唐文治先生对其有“语似荆公”之赞（冯留美《林子渊传略》）。夏氏这篇《谢玉岑遗稿题辞》首即引王安石悼王令为辞：“昔荆公之悼深甫，以为深甫早死，并其书未具，将无以传于后。嗟乎！吾友玉岑之遇，不知孰愈于深甫”云云。则其置论之际，或以林殷熟于王荆公，曾有所商示，并非泛泛言及。夏氏平生治学极谦抑，喜纳人言，于此也可见一斑。林氏后来与夏氏还有来往，晚年作有《过谢邻旧居书感》：“室迩人遐动我思，记曾于此谒先师。人间难免幽明隔，世上终传不朽词。”自注云：“谢邻，为夏承焘在温州市寓庐名。”

林子渊就读无锡国专时，与黄汉文、吴无闻、杨向时、严古津、沈幼征等人同学。前引夏氏日记，其于国专学生中，尤其欣赏严古津，且知其为钱名山学生。林子渊夫人冯留美的《林子渊传略》中说："又与钱名山老先生为友。钱老先生系书法名家，赠子渊横幅及对联，惜乐清沦陷时均为日寇劫去。"他与老诗人钱名山的来往，很可能是其同学严古津的介绍。

国专毕业后，一九四二年，林子渊曾在温州瑞安中学大岙分部任教。正式课程之外，还应学生之请，每星期日为学生格外加授古文。林氏教授古文之法，传自唐文治。据冯留美《林子渊传略》："唐校长治学严，对学生要求高，朗诵古文，讲阳刚阴柔，很讲究读法，学生谓此读法为'唐调'。子渊每以此调朗诵古文，抑扬顿挫，今犹历历。"古文阴阳刚柔之说，见于唐文治《国文阴阳刚柔大义》一书。其《国文阴阳刚柔大义绪言》略云："国文阴阳刚柔之说创于姚姬传先生。"（《唐文治文章学论著集》，上海古籍出版社二〇二〇年版，第一册，第三二八页。）继其说而大昌之者为曾涤生先生。先生选古文分四象，以太阳、太阴、少阳、少阴四类选文。唐氏《国文阴阳刚柔大义》即是推演曾氏之说，以四象分类选文。林子渊正是用其师之说来教中学生读古文的。这样看法，"唐调"也曾传于浙南。又据张炳勋《鳞鸿旧影》一书中载有《林殷致倪士毅书》信件。这封信是倪士毅先生提供给张炳勋先生的。信中说："殷不自量力，本期承乏瑞中部分教席，此间虽属草创，但责任之大小，与他处无异。况殷担任四班国语，计每周授课二十一小时，而作文卷多至二百篇左右，大约每日须改文十八篇上下，初来未及此事事，正不知其能胜任否。"倪士毅先生提供给张炳勋先生的资料中，还有林子渊先生《次韵送士毅两首》："此去南天住几年，西风握手只凄然。遥知路出金牛道，落木萧萧一马鞭。""人言滟滪瞿塘关，秋水翻腾路最艰。临别殷勤更一语，到时先寄尺书还。”是林子渊的同村兼同学，其时正就读于贵州湄潭之浙大。（以上据张炳勋《鳞鸿旧影》，敦煌文艺出版社二〇一四年版，第二六三、二六四页）。又《林子渊冯留美诗词》中收《送士毅之遵义断句》：“栈道盘纡山径险，里门寂寞战云遮。”倪士毅先生后任杭州大学（后为浙江大学教授）历史系，是著名的宋史专家、目录学家。

一九四三年上学期，林子渊任教乐清私立淮南中学，校址在雁荡。这所中学是陈立夫等人为纪念抗战名人张冲而设立的，冲字淮南。著名画家周昌谷即是林子渊此时的学生。据冯留美《林子渊传略》，后来林、周尚有联系。一九八五年林子渊在《书与画》杂志上看到周昌谷的画，作《题周昌谷指画红梅》寄赠，诗云：“画师妙指写春风，不遣鹅黄上柳丛。为有凌寒高格在，只须横出一枝红。”此诗不仅意境好，而且可看出来，作者是深通画理的，其中包含了指画的艺术特点。周昌谷回信感谢，并执弟子礼叙旧，客气地说，后悔年少时未能好好从林老师学习。信中还提到林氏给他们上第一课时说：“为学之事有难易乎？学之则难者亦易，不学则易者亦难矣！”（冯留美《林子渊传略》）林氏以一中学老师，而向学生讲明治学之旨，实属难得。其平生讲课，可见一斑。我们看他教导学生的话，和夏承焘先生的口吻也颇相似，或可以说是传承有自。民国时代中学语文教学水平之高，也由此可见。周昌谷去世后，林子渊作《悼周昌谷》：“盛年辞世君何遽？欲访未遂吾失期。惆怅净名寺外路，春风长忆碧桃枝。”一九七九年，我曾与同班几个温州同学，应《温州日报》温州文化名人栏目之托，采访沈炼之、周昌谷等人。其时周氏在花港一带的浙江医院养病。周氏个头较高，微胖，带病容，但健谈，态度十分和蔼。临别曾索其钢笔字书诗稿一页，字极流丽好看。

抗战胜利后，林子渊曾两度应乐清师范之聘，并在省渔会做文书，杭县修志馆做编辑。著名绘画史专家王伯敏是他在乐清师范的同事，王伯敏曾赠其绘画。（冯留美《林子渊传略》）《乐清文史》第十八辑登载潘笃煊《一九四一——一九四七乐师教职员题名》（以下简称《题名》）。此文刚好载有林子渊之记："乐清之有师范学校，于兹六年矣，问其故事，则有不得而详者。潘君笃煊乃辑自创办以来历届教职员姓名，悉著于篇，而书其在事之岁时，于是人事之迹，以之大明。顷者，将以附于校刊之次，爰本古题名之意，命之曰题名。夫潘君之意，其亦以此为文献之一端欤？昔仲尼能言夏商之礼，而叹宋杞之不足征。是故一国之文献不存，是一国之耻；一邑之文献不存，是一邑之耻；一校之文献不存，是一校之耻。兹事虽小，其体实大。然则兹篇之辑，岂徒然哉！中华民国三十六年十二月子渊林殷与记"。此记因小以见大，行文亦甚有法度。更重要的是，可据此考见林子渊、王伯敏、夏承焘三人在乐师任教的时间。"林殷，乐清人，国文教员。三十四年（一九四五年）八月到校，三十五年任训导主任，七月离职。三十六年九月，又任训导主任。"据此可证林子渊从一九四五年至一九四七年之间，两度任职乐清师范。其在省渔会做文书及杭县修志馆做编辑，应该是在两度任职之间。又据《题名》"王伯敏，温岭人，劳美教员。三十四年二月到校，三十五年二月离职。"据此，则林子渊与王伯敏同事，是在林子渊第一次任教乐师的时期。又《题名》："夏承焘，字瞿禅，永嘉人，国文教员。三十三年八月到校，三十四年七月离职"。夏承焘是战时从龙泉浙江大学回乡受邀请在乐清师范任教的。其时该校称乐清简易师范，因战时迁至雁荡，在灵岩与北斗洞两处办学。《天风阁学词日记》一九四五年三月九日条："授二课，须自灵峰行石级四百四十步上北斗洞课室。夕，读起信论上卷竟。阅《思想人物》竟，文笔简练可喜。过伯敏看画，甚高秀。"伯敏即王伯敏。可见此时他在简易师范，或即住北斗洞中。林子渊先生集中有《简王伯敏》："旧情犹记君与我，斗阁论心兴不孤。今日寄声重问讯，长风尺素尚知无。"这个斗阁，应该就是乐清雁荡山之北斗洞。上述夏承焘、王伯敏、林子渊三人，是夏氏先到乐师，其后王伯敏也来到乐师任教，他们两人有一段同事的时间。《天风阁学词日记》雁荡教学期间日记中，多处记到王伯敏。夏承焘三十四年七月离职，而林子渊八月份到任。师生两人，在雁荡并未相遇。林子渊在任教乐师前，一九四三年上学期曾在雁荡中学任教（前已述）。但不知道他在淮南中学任教到什么时候？淮南中学与夏氏所居住的乐师灵岩校舍相邻，夏承焘在雁荡期间，也曾在淮南中学做讲座。但《天风阁日记》中却没有记到林子渊。夏氏日记记载甚详细，如果林子渊此时在雁荡，两人不可能连一次交往的都没有。由此旁推，在夏承焘来到雁荡时，林子渊很可能已经离开淮南中学。当他后来又重回雁荡任职乐师时，夏承焘又已经在一个月前离开。

林子渊与王伯敏，后来还有交往。集中还有《伯敏为〈中国美术通史〉出版事，南北奔走，先自重庆、烟台来函，约游雁荡，诗以报之》《王伯敏山水》《题百寿图赠王伯敏》等多首诗。我在杭大求学时，曾在姜亮夫先生主持的敦煌学短训班上旁听王伯敏讲敦煌绘画，侧重佛教问题。

一九四九年五月浙南解放后，林子渊进乐清县立中学任教，兼任虹桥区示范小学生活指导。一九五一年后，乐中迁到传为唐朝初年建造的古寺白鹤寺。林氏从此一直任教于乐清中学。中间曾一度调任县教学辅导站、工农兵五七干校等处。一九七八年一月任乐清中学副校长，一九八一年退休后，归其家乡万家乡村中居住。“子渊兴趣广泛，退休后，学书、学画、刻图章……刻有《百寿图》。有时也看医书，对棋类兴趣也浓，爱鸟、鱼、花草等。”（《林子渊传略》）一九八九年十一月去世。曾任乐清县人大代表，中华诗词学会、江南诗词学会、东瓯诗词学会会员。

二

林子渊先生的一生业绩在于中小学语文教学。教学之余，爱好吟咏、金石篆刻。喜篆刻是受其小学老师施汝谦影响，集中有《学书追忆启蒙师施汝谦老师》。诗词渊源则多得于名师。早年在国专求学时，曾从常州名诗家钱名山问诗，还得到过夏承焘、王蘧常等的指导。严古津《变风社诗录跋》："予入无锡国学专修学校之明年，钱师仲联自桂林归，授以诗学。同学柳君子依、林君子渊、金君悉经谓予曰：'校中不乏吟侣，吾侪盍组织诗社以相观摩可乎？'涉秋开学，子依毕业去，子渊道阻不得来，乃由金君悉经、吴君予闻、江君文忠、王君之维、皇甫君权、何君祖述、张君庆及余发起，同学参加者四十四人。于是请名于王师瑗仲。师曰：'不亦善乎，此世道陵夷、海水群飞之日，名之变风可。'并指示组织之方法促成之。"（刘桂秋《无锡国专事辑》，中国大百科全书出版社二〇一一年版，第三五七页）按此说，则林子渊与严古津是诗友，也是国专诗社的倡议者之一。但诗社成立时，他不在上海，或许已回家乡。林氏旧作有《六月初离沪》一题："急雨敲窗动客情，归桡载梦去江城。八千余里前程路，此是风涛第一声。"应是本年六月已离上海，乘海上客轮回温州。可与严说相证。但《变风社诗录》仍载林氏诗。二〇〇〇年沈幼征教授在收到《林子渊冯留美诗词册后》，在寄给林子渊之子林崇呼的信中说："忆昔予初入国专，得识令尊，常与黄汉文等共论诗。时令尊所作已自具面目，予则粗知平仄，故多蒙指点。近日检书椟，无意中见有《变风诗社录》，所收四首，皆尊翁集中所未见，特令抄奉，俟再版补入。"（林子渊家属自印《半耕轩诗草》附录林子渊诗词）可见虽然诗社开时林子渊先生不在沪上，还是有诗被收入《变风社诗录》的。又作者晚年所写《与汉文不通音讯三十余年，忽自南京来书，喜而有寄》诗中说："雁荡云遮记赠诗，变风社后失相知。唤回三十年前梦，各各平安亦大奇。”其自注云：“昔在上海，同组变风诗社，承赠诗云：‘雁荡山下云遮树，扬子江头浪接天。’”据两条材料，自可定林子渊为变风社成员。

林子渊先生早年写诗的情况，除沈幼征从《变风社诗录》中抄出的四首、及作者另一国专同学吴常熊提供的赠吴氏之《赠别》一首外，其余多不可考。就这几首诗来看，声律稳洽、词语琢炼，隐约可见步趋古人之处，是认真地学习传统的风格的：

> 偶向沧州卜一廛，风高气静近霜天。林峦薄晚青如染，枫叶占晖态更妍。才拙自疏为世用，心闲故觉地长偏。飘飘欲作扁舟计，恰是夕阳挂静川。（《沧州》）

作者此诗写的，可能是其家乡乐清万家乡的风景，其地依山兼水，为典型的瓯越水乡之地的风貌。又其《有寄》：

> 寻芳不觉醉流霞，想见仙人萼绿华。水竹堂前摇万叶，许携风月到羊家。

这首诗，据笔者的理解，应该是寄给其夫人冯留美女士的，其时两人或未结婚。冯留美，乐清白石凰岙村人。其曾祖冯蔼字涧卿，是清朝道、咸、同、光之际乐清著名的布衣隐逸诗人，著有《半耕轩吟草》。其祖父冯豹号笛樵（又号地造），是乐清著名的辛亥革命志士，曾任缙云县知事，晚年皈依佛法，有《诗界革命篇》《劳草吟》《勿翁吟草》传世，诗风枨楚豪俊。两家诗，最近都已被收入《乐清文献丛书》整理出版。冯留美的父亲，亦即林子渊岳父冯济安，留学海外，赴法国里昂大学勤工俭学，归国后曾参加孙中山灵榇奉安活动。九一八事变爆发时，任福建省党部指导员兼组织部长，力主抗战，不久染恙身亡。冯氏一家为乐清名族，在笔者家乡白石多有故事流传。儿时过凰岙村看电影，村里人说冯家大宅是“省长”的房子。也许是村里人认为冯济安如果不死，是会做省长的。林子渊先生这首诗中的水竹堂，应指凰岙冯家。冯邁《半耕轩吟草自序》：“后得屋后旷地数亩，种竹三百丛，种李六十本。”其诗中亦有咏水竹，如“水竹抽新笋，鸣蝉乱夕阳”（《新凉》）、“宜风宜雅窗外竹”（《秋日即事》）。浙南一带竹有多种，其中一种曰茅竹，即通常所见之竹。村庄中广植者则多为水竹，质不如茅竹，但生长快，取为编织农工、建造蓬厂，甚适农用。我意冯、林诗中“水竹”，或实指此种。此诗用《真诰》中仙女萼绿华降羊权家事风流旖旎，想见作者夫妻青年时缠绵浪漫的爱情生活。《变风社诗录》还登载一首绝句《记梦》：“门前桐叶声应落，帘外青山影已孤。昨夜梦中寻旧约，一江江水长蒲芦。”亦清新可诵。所谓梦中旧约，似亦指其与冯留美女士的情约。冯留美女士承家学渊源，也长于吟咏，晚年夫妻唱和，登载于乐清当地的刊物上。林子渊先生去后，冯留美女士写了很多悼诗，情多凄哀，俱载于《林子渊冯留美诗词》中。对照这两首林先生青年时写给他夫人的爱情诗，真让人感慨人生青春、爱情的美好与生离死别的痛苦！

林子渊先生中年在家乡从事教学，辗转瑞安、乐清等地，山水之美，想亦多从跋涉中领略，但其中年时的诗作多不可考。八十年代以后，吟咏较多，去世后家属编印《林子渊冯留美诗词》一册。冯留美先生说他“平时吟咏讲大众化，人民性”（《林子渊传略》），基本上是符合实际的。其诗多家乡山水记游，亦多写时事及日常生活。特点是重视立意，但写作上相对早年，趋向于自然，无复早年青春学诗寻章摘句、精心琢磨之意。这一来是人入老年，写作自然会率性些，二来也受到当代通俗时风的影响。但毕竟作者早年曾经问学于诸多名师，规范矩矱自在。唐文治说他“语似荆公”，他的诗的基调，的确是属于宋诗派的。其代表作当推《雁荡纪游三十二首》《中雁纪游》。前题如：“雁山景色二灵间，折瀑龙湫亦大难。尚有一峰可取记，谢公岭外老僧闲。”“长堤一道绿如帏，旧地重来踏夕晖。犹记净名寺外路，卧蚕峰上卧蚕肥。”后题如：“白石新湖一镜开，渼陂诗兴动人来。山沉倒影春无数，鸟恋宽闲云却回。”作者有五古长诗《我家白石山》：“我家白石山，最高玉甑峰。白云常缭绕，丽日照芙蓉。其始出海底，突兀凌苍空。不然山巅石，何以太玲珑。晶莹如玉甑，光怪如玉虹。四壁无锋棱，水石所磨砻。”摩写雄伟之象，其笔底波澜，端可于王荆公、苏子瞻处寻得渊源。笔者也居住在此山之下，客中读此，心有戚戚之感！

集中与无锡国专师友相关的诗也有不少。除前面已举外，尚有这样一些作品：

《读无锡国专校友录，追忆唐蔚芝校长》两首：

马帐春风绿满枝，只今犹见实离离。
锡山沪渎追随处，想见躬亲教学时！

著书立说继前修，乐育英才亦远谋。
放眼纵观今古士，一生何让失明丘。

又《再怀茹经夫子》：

十老飞书事已沉，耄年热血起沉沦。
山花烂漫升平日，公是丛中含笑人。

又《购得王瑗仲师章草喜赋》：

> 不见吾师四十年，今朝忽得手兹编，纵横翰墨文千字，奔走龙蛇笔一椽。风骨直从汉魏入，渊源远在宋元先。东人万里传心赏，道是羲之有后贤。

作者以晚年之身，追怀早年名师，缅怀敬仰之情见乎词。讴咏之际，也能继前贤之雅范。又其集中《与汉文不通音讯者三十余年，忽自南京寄书来，喜而有赋》《汉文请评职称，自谓名心未泯，诗以壮之》《汉文参加叶圣陶教育思想会，以〈苏州游记〉见寄，以此奉寄》《雁荡逢沈幼征》《寄沈幼征·调寄西江月》《邱宝瑞邀游无锡》《闻讣悼吴无闻》等诗，俱有关于国专师友之史实。

作者因为早年就读名校，师从诸名流，自己平生亦教学有成，故其一生交际，亦多名流。虽然其与国专师友平生疏阔，但千里之远、卅年之隔，仍能声气相通，并各遵师长之训。如《邱宝瑞邀游无锡》诗云："岑山高阁峙中流，愿共兄台续旧游。忽忆师门肩铁语，此生碌碌得无愁。"信乎，人生之求学如得读名校，从名师，则常可为终生之资也！他在学术研究方面的情况不得而知，据冯留美《林子渊传略》，著有《王荆公年谱》，尚未校对付印。

三

笔者一九七四年至一九七六年间就读于乐清中学。当时一届三个班级，笔者在二班读书，语文老师和班主任都是陈明淳先生。林子渊老师是三班班主任兼语文老师，所以笔者没上过他的课。但乐中的语文老师中，林老师被大家尊称为先生。在批林批孔运动时，学校曾组织学生请林子渊先生做评“水浒”的讲座。记得这是高中时候唯一一次讲座。恐怕也是第一次听到“讲座”这个词。平时全校集中，都是说开大会的。忆向日在乐清中学读书，偶见林老师背影，知其为名师，憬然似有慕！然少年时于学问之道毫无知晓，当时又是“文革”废学之时，故终未能得聆一謦咳！八十年代，偶于纸上见其作，但也无缘相见。去年应乐清校庆征文回忆旧事，曾叙及此事。这次苏州大学召开“无锡国专与中国古代文学的教学与研究学术论坛”，承邀参加，原已提交关于夏承焘先生早年学术道路的论文。又觉意有未足，通过友人电话联系林子渊先生哲嗣南京林业大学林晓教授，蒙其惠寄《林子渊冯留美诗词》《半耕轩吟草》两种，因略搜《天风阁学词日记》《无锡国专编年事辑》等书，草成此文，提交会议。或能为国专史实以及乡邦文献提供一点点材料。是亦林先生所谓“一校之文献”，“一邑之文献”之意也。同时也是为了却笔者心中的一点遗憾之意！

（附记：本文关于林子渊先生生平，主要根据冯留美女士的《林子渊传略》，部分事实得到过林先生哲嗣林崇呼先生、林晓先生的确认。特此感谢！文中如有其他错误，概由笔者负责。另外，为避繁琐，征引文献，没有完全按照学术论文的规范。）

二〇二一年四月二十日草于京北寓所

城下寮的来僧

——弘一大师一九二一年赴温始末考

金　星　孙良好

一九二一年春，出家已三年的弘一法师李叔同因感“杭地多故旧酬酢”，想寻找一片清净之地来批阅律宗经典《四分律》，因此在友朋的帮助与引荐下决定前往温州闭关。从弘一大师当时与友人的书信中可以看到，他原本计划在温州掩关两年，完成《四分律比丘戒相表记》一书之后即云游他方。但是温州幽美温和的自然环境，人文昌盛的文化环境以及庆福寺和谐的人际关系让弘一决定长期居留。遂以温州为第二故乡，庆福寺为第二常住寺庙，驻锡温州前后十二年光景。然而因文化观念等诸多原因，这样一位全国性的文化名人在温州的历史未能得到学界的重视，因而呈现“传说”多于“史实”的现象。具体到弘一大师首次来温州的这段历史，诸多说法不一。值此弘一大师来温驻锡一百周年之际，笔者就弘一大师赴温史实作考证梳理，分“来温时间”“引荐之人”与“初住寺庙”三个部分，以期正本清源，为讲好弘一大师与温州故事奠定一个史实基础。

一、何时来温

一九四三年农历十月，弘一大师在温州的弟子因弘法师（实际皈依惟静法师，称弘一为“二师父”）为纪念恩师圆寂周年，写下《恩师弘一音公驻锡永嘉略记》一文，这篇文章与丁鸿图的《庆福戒香记》成为弘一大师与温州研究的初始文献。实际上因弘的文章写于一九四三年，丁鸿图的文章写于一九四四年（文中表明内容来自寂山转述）。大约是因弘曾托寂山或周孟由居士让丁鸿图代发此文，或是丁鸿图通过其他方式阅览过因弘的文章。因此丁文虽然发表在前，但是其内容有明显从《恩师弘一音公驻锡永嘉略记》借故事的痕迹。对于弘一来温时间、引荐人二人的记述存在差异。丁文云：“民国九年二月初，弘一上人以周孟由吴璧华二居士之介驻锡于此，喜其幽寂，遂居之且兴终焉之愿。（上人以虎跑为第一常住，庆福为第二常住云）……师于民国九年二月初莅寺，居数日即闭关。”[1]而因弘文云：“因旧同学瑞安林同庄君言永嘉山水清华，气候温适，师闻之欣然。又因吴璧华周孟由二居士延请，遂于十年三月料简行装，拥锡来永，挂搭城南庆福寺。”[2]这表明早在民国时期，关于弘一来温州时间的言说就存在分歧。一说为民国九年二月初即一九二〇年农历二月，一说为民国十年三月，即一九二一年农历三月。很显然丁鸿图的记述与史实出入较大，因为弘一大师在师友书信及图书题跋中均以“辛酉三月”或“暮春”表述来温州的时间。正因如此，林子青在一九四四年编写《弘一大师年谱》时忍不住将丁文改述为“师于民国十年三月初莅寺，居数日即闭关”。[3]弘一大师一九二一年农历三月来温州，他在《四分律比丘戒相表记》题记（“三月来永宁，居城下寮”）与《致李圣章信》（一九二二年五月二日，“三月如温州”[4]）中均有记述。显然，排除《觉有情》杂志校对文稿的小伙计手民误植之嫌，丁鸿图误记了这一史实。所幸，丁鸿图的记载在林子青改述后未能广泛传播，因此弘一大师在“民国十年农历三月”来温州的史实在后期的研究中没有分歧。但是倘若要明确弘一大师来温州的时间，却又面临一个“新旧历”纪年的问题。弘一在题记及书信中均以“三月”统称，这是农历纪历，如泛泛表述为“一九二一年三月”则不够严谨。有学者用“一九二一年四月”这样的新历纪历来表述，虽也符合史实但是容易造成读者认识的混淆。所以，考证弘一大师来温州的具体时间并以新旧历共同呈现的方式来表述，也许是解决问题的办法。那么，弘一大师究竟是在一九二一年农历三月几日来温州的呢？

要考证弘一大师来温州的具体时间，弘一从沪来温的行程与交通工具是解决问题的关键。因为对弘一大师离沪来温之前的史实考证，有助于解决统称为“三月”时间范围不明显的问题，而对弘一大师来温交通工具的考证则能借行程时间来进一步缩小时间范围。先看第一个问题，此处的史实参照弘一大师书信。据目前所见这一时间段的弘一书信，离沪前最迟的发信时间为一九二一年农历三月初十日（一九二一年四月十七日），因此可暂将弘一大师来温州的时间界定在“一九二一年四月十七日至一九二一年五月七日（农历三月三十日）”之间。再看第二个问题，弘一大师来温州是乘坐何种交通工具的呢？尽管按民国十年时的交通条件，从上海到温州以航运为主。但如需强调史实，则尤惜阴在《谈因》一书题记中所云的“今年春暮，弘一上人欲赴温面壁。来沪待船，小住西城兰若中。”[5]是重要依据。通过如上两个问题的解决可以初步确定弘一大师来温州的时间在一九二一年四月十七日至五月七日之间，交通工具为轮船。那么，从上海到温州弘一大师乘坐的是哪一班轮船呢？

民国时期从上海到温州的轮船有多家公司，据丁贤勇的研究，他确定“大致上，温州至上海的海轮，一般需两天两夜。往来沪温的招商局轮船先后有‘海昌’‘普济’‘广济’‘海晏’等。”[6]。而实际上此

笔记

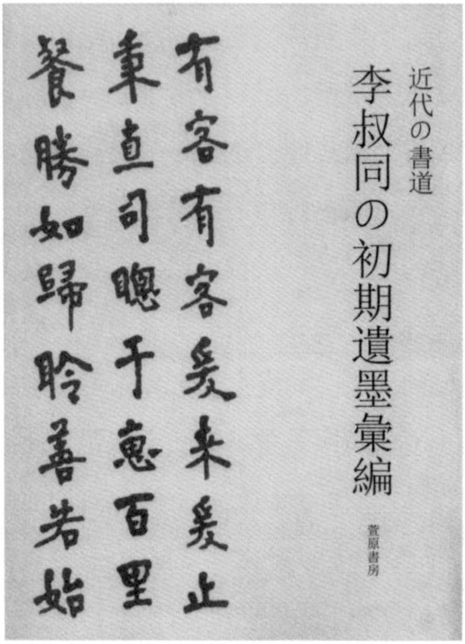

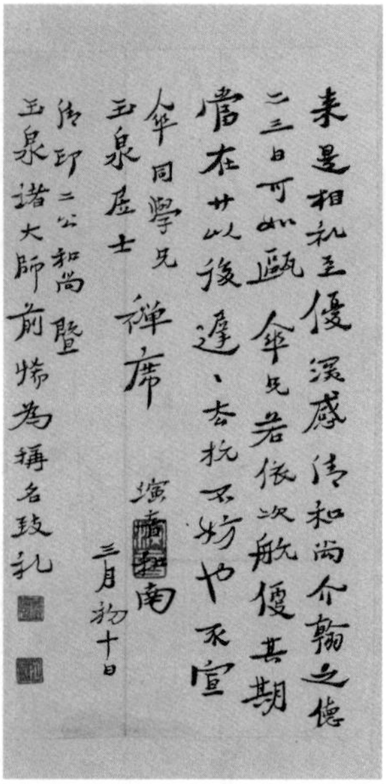

弘一信札（保利厦门二〇一六春季拍卖会拍品）

时由沪至温的轮船通常是集客运与货运为一体。如此，则《申报》上的《国内轮船运货进出口之调查》史料就成为判断弘一大师来温州行程的重要依据。查《申报》一九二一年四月十七日至五月七日间总计有两次“海晏号”从上海运送货物到温州的消息，发船日期分别是“四月二十日农历三月十三”“四月三十日农历三月廿三日”。这两次消息分别是：“（温州）招商局之海晏轮船昨日装往温州白米二万一千一百五十二包……”[7]“出口货（温州）招商局之海晏轮船昨由申装往温州白米四千八百包……”[8]

按“农历三月初十日”的时候弘一仍然在上海护国寺，“海晏号”下一个班次是五月九日（农历四月初二日），与“辛酉三月”是不匹配的。那么在四月二十日与四月三十日这两天，弘一最有可能是哪一天在上海搭乘“海晏号”的呢？二〇二〇年秋季，我在初考弘一大师来温州时间时依据弘一大师“沪上待船”期间所做之事来推测行程，以事件较多来判定弘一大师是一九二一年年四月三十日从上海乘坐“海晏号”轮船出发至温州[9]。然而很快我就在日本萱原书房出版的《李叔同の初期遗墨汇编》中发现了一封非常重要的弘一佚札，此札所述之事正是与弘一大师来温州相关。被命名为《来是札》（见下图）的内容如下：

> 来是相礼至优，深感清和尚介翰之德，二三日可如瓯。伞兄若依次航便，其期当在廿以后，迟迟去杭不妨也。不宣。
>
> 伞同学兄、玉泉居士禅席。
>
> 演音和南三月初十日
>
> 清印二公和尚暨玉泉诸大师前悕为称名致礼[10]。

由此可知，弘一大师预订的去温船票是在农历三月十三日发船（一九二一年四月二十日）。又侯鸿鉴在《浙东旅行记》（一九二〇）中记有从上海到温州的行程“自沪直达温州海程，约三十六点钟可到，计九百余里，两日可到”。[11] 他于当年七月二十六晚十二点从上海乘广济轮出发，二十八日下午两点半抵达温州朔门外轮船码头。以大师乘坐的“海晏号”一九二一年四月二十日晚十二时出发计算，到达温州当在二十二日（农历三月十五）下午两点半左右。如果弘一大师确实如信中所云按时登上“海晏号”，那么其到达温州的时间当在一九二一年四月二十二日（农历三月十五日）。

二、引荐者谁

在目前关于弘一大师来温州的言说中，共有三位温州人被认为是弘一来温的重要引荐人，他们分别是林同庄、周孟由与吴璧华。林同庄是弘一大师在南洋公学时期的旧友，后来又在同一时间段去日本留学，归国后又与林同庄同在杭州工作。据弘一大师一九一九年致郭奇远的书信中所云“一浮、同庄不时晤谈”[12]，可知两人过从甚密。周孟由是皈依了印光法师的在家居士，唐大圆在《温州宏法记》中曾盛赞其传道功业：“此地向惟出家众颇出高僧，自周氏兄弟始，佛法渐及居士。民国十年冬，吴璧华居士自北京归，更扩张。”[13] 吴璧华则更具传奇色彩，其早年留学日本士官学校，应四川总督赵尔巽之聘，入蜀督练新军。后偶闻佛法，以居士为业弘法南北。民国十年，自北方赈灾回温[14]，曾作为重要角色被李劼人写入长篇小说《大波》。实际上，这三位温州人以及一直与弘一有联系的瑞安人郭奇远，都是大师来温州的重要“中介”，但是在具体引荐的过程中所起到的作用却不同。戈悟觉先生在《弘一大师温州踪迹》一书中扉页中曾提供一张照片，题注为“一九二一年来温州前夕摄于杭州自左：吴璧华、周孟由、林大同、弘一、马一浮”，[15]疑为误注。此照片当摄于一九二〇年左右，其时周孟由、张云雷等人为商务版《印光法师文钞》出版事宜张罗，与张、周二人初识或经林同庄的引荐，而照片最左侧者是否吴璧华尚需考证。此照片表明，在弘一大师来温州之前即与温州人相识，这是他来温州的原因之一。

然而，直接促成弘一大师来温州的是哪几位温籍人士呢？前文述及丁鸿图和因弘在各自的回忆文章中对弘一大师来温州的引荐人表述有差异。丁文记述为“民国九年二月初，弘一上人以周孟由、吴璧华二居士之介，驻锡于此”。而因弘则记述为“因旧同学瑞安林同庄君言永嘉山水清华，气候温适，师闻之欣然。又因吴璧华、周孟由二居士延请，遂于十年三月料简行装，拥锡来永，挂搭城南庆福寺”。很显然丁文是依据“寂山和尚”的视角来看这个问题，寂山认为大师来庆福寺是因为周孟由和吴璧华两人引荐的，实际上一九二一年时寂山更熟悉的道友是周孟由，而吴璧华则是在当年冬才回到温州。而因弘是依据自己对弘一大师的了解来表述这个问题，他非常清楚林同庄是弘一大师的同窗，或者是弘一曾专门提及来温州的事，所以才加上这段话。可是，弘一大师自己是怎么说的呢？在弘一大师的文献中，关于来温缘由他在《玉泉居士墓碣铭》中这样写道：“辛酉季春，余徙永嘉，掩室城寮，盖由居士为之容介。尝致书曰：凡所需求，无虑难继，有某在耳。”[16]很显然，在弘一大师的记忆中玉泉居士吴建东是他来温州的重要引荐人，而吴建东系福建浦城杨尾溪人，他是如何成为弘一大师来温州的引荐人的呢？

玉泉居士原名吴建东（法名演定，号弘衍），他与程中和（法名演义，号弘伞）、李叔同（法名演音，号弘一）皈依佛教后为同一字辈，因居住杭州玉泉寺而得“玉泉居士”之名。此人曾于民初同温州人周孟由在

笔记

谛闲法师处同受“五戒”[17]，因此与周孟由相识早于弘一。一九二〇年吴建东协助温州周孟由、张云雷出版《印光法师文钞》，曾专门请弘一为文钞题词：“庚申暮春，印光老人文钞镌板，建东、云雷，嘱致弁辞。”[18]据此可以推测，弘一大师与周孟由相识或许经过吴建东和张云雷、林同庄等人的引荐。初识的时间当在一九二〇年，在一九二一年来温之前弘一大师与周孟由相关的文献现有三份。

其一为一九二〇年五月十六日（农历三月廿八日）致刘质平信，托其代告周孟由拟于四月初一日移居玉泉寺事，信云：“今后通讯，即寄是处。（希便中代告孟由、白民二居士）”[19]

其二为一九二〇年七月二十九日（农历六月十四日）为周孟由之子出世书“千古觅来难得友；三人行处易得师”，跋语云：“明灵峰藕益老人诗句，大慈定慧弘一沙门演音为各山童子书，时童子出胎未满月”“余将偕弘伞、弘衍二兄入新城贝山中掩关念佛，当来或不可瞻其颜范，贻是以志纪念云尔。庚申六月十四日记”。钤印：“四十不闻道”（白文）、“弘一”（朱文）、“释演音”（朱文）。

其三为一九二一年农历二月，书七言联“出现三世庄严刹；利乐一切诸众生”赠周群铮居士。款识：“集大方广佛华严经普贤行愿品偈句。群铮居士慧鉴，辛酉二月，弘一沙门演音。”钤印：演音（白文）、弘一（朱文）。又书“即今休去便休去；若觅了时无了时”赠送周季材。款识：“云峰悦禅师句，辛酉二月，季材居士属，弘一沙门演音。”钤印：演音（白文），弘一（朱文）。[20]

通过对一九二〇至一九二一年来温州前弘一大师与周孟由兄弟交游文献的梳理可知，周孟由是弘一大师来温州最重要的引荐人。而弘一大师与周孟由的相识以及驻锡温州的计划安排，无不与玉泉居士吴建东的介绍有关。当然，在弘一大师来温州的过程中，南洋公学旧友林同庄与郭奇远也起到了重要的作用，尤其是林同庄与弘一在杭州经常晤谈，说及温州山水清华，气候温和自是情理之中的事。但是如果说成时下微信文章标题《弘一法师在温州生活12年，只因这位瑞安同学的一句话》，则难免夸大史实，误导读者对弘一大师来温州缘由的整体认识。

那么，为什么说周孟由是弘一大师来温州最重要的引荐人呢？从弘一大师的书信及温州交游历史可知，周孟由不仅为弘一大师提供了理想的办道寺庙，还委托其弟周群铮资助弘一在庆福寺的伙食费用。首先，弘一大师与温州庆福寺结缘与周孟由安排息息相关，因周家旧宅在谢池巷与庆福寺距离较近，而周孟由与寺主熟识是弘一驻锡此地的重要原因。其次温州城周氏兄弟共四人：孟由为伯，群铮为仲，守良为叔，季材为季。二弟周群铮为弘一大师在温州办道提供了经济资助。一九二四年七月十五日（六月十四日）弘一大师在温州庆福寺写信给刘质平。信云："朽人居瓯饭食之资，悉承周群铮居士布施，其他杂用等，每月约一二元，多至三元。出家人费用无多。其善能俭约者，每年所用不过二元。若朽人者，比较尤为奢侈者也。"[21]而居住在庆福寺则要按月缴纳费用，这些都离不开周群铮的帮助。据瓯海关税务司阿拉巴德（E.Alabaster）在一九二二年二月二十八日所呈瓯海关十年贸易报告显示，一九二一年的一元可购买大米二十三斤，盐三十斤，猪肉六斤[22]。

其三，弘一大师在温州的重要文章一般都委托周孟由转交到佛学期刊发表，并且在温州弘法初期每遇重要事项均要询问周孟由，直到一九二八年周孟由年事已高，不问世事后才逐渐减少交游。基于以上事实，可知周孟由及其兄弟之于弘一大师驻锡温州的重要性。而吴璧华与弘一大师成为亲密的道友似是在一九二二年之后，因目前文献所载吴回温州的时间是一九二一年冬季，所以"周吴礼请"弘一来温的说法恐系后人所加。

笔记

三、初居何寺

一九二一年弘一大师来温州之后，在周孟由的安排下首次居住的寺庙位于积谷山飞霞洞下的庆福寺，这一故实在研究界和民间已成共识。然而在弘一大师首次居住温州哪一处寺庙这一问题上，木鱼法师在一九八九年撰写的《弘一法师初到温州的实况》一文中却提出了一个新的说法，他说弘一大师初次来温州是由其瑞安好友林同庄介绍先居住在江心寺，并且他交代了史料的来源：一是一九三五年拜访寂山和尚时所得的口述史，二是一九三七年拜访杭州灵隐寺住持却非和尚时所得的口述史。关于弘一大师来温州初居寺庙的事，文中这样写道：“弘一法师来温州，人皆说是周孟由、吴璧华两居士邀请来的，其实不然。事实是一九二二年三月，由其故友瑞安林同庄先生（名大同）私下把他从杭州引路到温州江心寺来的，连当时的住持华山和尚也不知道他就是弘一法师，只晓得他是从北方来的，法名叫演音。直到周、吴两居士获悉弘一法师在温州的讯息，那是在一九二二年，三月底，已经是法师住温州足足一年之久了。”[23]可见在一九二一农历三月年来温州这一时间问题上，他与因弘的记述保持一致。但是在地点上，却认为弘一大师来温初居寺庙是江心寺。关于这一段，他记述得较为详细。文中说：“民国十年，他闻老友林同庄说永嘉山水清华，气候温和，引起他的向往，遂于一九二一年三月十五日，将弘一的名字改为演音，随同林同庄先生到江心寺来，住在兴庆寺前左首老关房里。”[24]值得注意的是，木鱼法师在弘一大师来温州的记述中，提出了来温的时间是“一九二一年三月十五日”这自然指的是农历，这和本文考证的时间一九二一年四月二十二日（农历三月十五日）一致。问题是木鱼法师从哪里得出这个时间信息呢？如果不是从寂山和尚与却非和尚那里得知的话，那么他一定是依据弘一大师一九二一年四月十二日（农历三月初五）离杭去温之前与毛子坚的通信内容来判断，因为在信中大师与毛子坚预约四月二十日（农历三月十三日）左右在上海见面，又因为从沪到温需要两天航程，因此作了如上推断。但是木鱼法师能够读到弘一致毛子坚的书信并借此来论证弘一大师来温时间似乎难合史实。如此看来，木鱼法师的记述倒应值得重视。那么弘一在一九二一年来温州果然首次居住在江心寺吗？

为了论证弘一大师来温州首次居住在江心寺这一段往事，木鱼法师在文章中提供了一则故事。说江心寺的知客僧了生和尚、昌演和尚不知大师为弘一，认为他不过是一个北方普通僧人。了生和尚看到书信上写有“弘一”字样而问大师是否就是弘一时，大师谦虚地否认。而昌演则在大师面前吹嘘自己在虎跑寺见过弘一，说了一段风马牛不相及的事。直到一九二一年农历九月，弘一大师才在请求寂山和尚带他进城，并且在庆福寺午饭，“他感到庆福寺很幽静，并且背山面水，曲径通幽，心情很觉舒畅。当时要求寂山和尚允许他到庆福寺住，寂山和尚立即答应他，第二天就把铺盖行李挑到庆福寺去住”。[25]很显然，在木鱼法师的论述中，弘一大师正式到庆福寺居住的时间是一九二一年农历九月，那么这一时间符合史实吗？

从目前弘一大师温州文献的存留情况来看，弘一来温州后最早的一份文献是农历三月份书写的《刻十二头陀经跋》，其款识为：“辛酉三月演音敬录。时初来瓯上，居城下寮，习四分律部。”[26]可知，弘一大师初次来温州即居住在城下寮（庆福寺）。城下寮是晚清民国时期温州庆福寺的俗名，“城下”无疑指的是温州古城墙之下，“寮”在温州方言中的使用更多有“寺庙”的意思。在弘一大师给外地师友的书信中，庆福寺的具体地址是“温州大南门外庆福寺”，而在给当地人的书信中则使用俗称“大南门城下寮”。另外一则文献证据是一九二一年五月十四日（农历四月初七日），弘一大师在《昙无德部四分律删补随机羯磨》一书封面题签并作题记一：“辛酉四月七日居瓯城下寮，弘一沙门音敬题（朱印）演音。”由此可知，木鱼法师的记述存在史实错误，不宜使用或传播。

但是，这个错误或许并非木鱼有意为之。众所周知，木鱼法师为江心寺住持，其作为寺主对江心寺的历史讲述更容易形成“中心意识”，而其从寂山和却非和尚那里得到的口述史据其写文章的一九八九年已经过去五十年，又存在记忆误差。而故事中的江心寺了生、昌演和尚则分别扮演了弘一大师的真假崇拜者两个角色，极具民间传说的色彩。这不由得令人记起另外两件弘一大师与温州的传说，一为宽愿法师所会议的弘一大师应头陀寺住持邀请出面处理温州庙产兴学事[27]；一为作家卢友中先生在《雁荡山僧：竺摩法师传》中讲述的少年竺摩法师拜见弘一并获墨宝事[28]。至于宽愿法师说，他是在一九二四年陪同弘一大师来温州，但不久后大师又离开温州回到杭州虎跑，则与真实历史相差得更远了。因此，可以判定弘一大师初次来温州居住的寺庙是庆福寺而非江心寺，应该成为一个基本的客观史实，不应该被随意换用。

至于温州庆福寺的旧影，迄今为止除了画家郑家清凭记忆画出的庆福寺概貌外，未见老照片中有完整的庆福寺影像。温州的传教士们曾经拍摄了这一方位的图片，但是并没有确切的概貌图。一九二三年因弘出家时拍摄的那张照片，是寺庙大殿外的一块空地。后来杨雨农之孙杨瑞津先生回忆说他的爷爷经常划着船从花柳塘杨宅到庆福寺找老住持寂山和尚下棋，说的还是“河塘纵横”时代的温州。

结语

今年是弘一大师来温州一百周年，考证弘一来温州的具体时间、引荐人及首次驻锡寺庙是对弘一大师来温州的重要纪念。尽管这份考证是一次迟到的补课，但对于研究弘一大师与温州来说是一个重要的史实基础。其中涉及的“史实”与“传说”问题，对于研究者们重新理解两者在地方文化研究与传播中所承担的功能与意义方面，既是一个警示，也不妨说是一个启示。

注：

[1] 丁鸿图：《庆福戒香记》，《觉有情》一九四四年第五卷第九至十号第一〇五至一〇六期合刊，一九四四年一月一日出版。

[2] 因弘：《恩师弘一音公驻锡永嘉略记》，《觉有情》一九四四年第五卷第一九至二〇号第一〇五至一〇六期合刊，一九四四年六月一日出版。

[3] 林子青：《弘一大师年谱》，中日文化协会上海分会一九四四年版，第七二页。

[4] HYDSQJ-8：333-334.

[5] 尤惜阴：《系说》，《谈因》，佛学书局一九三〇年初版，第一四八页。注：原文落款“中华民国十年九月十九日志于沪东之止观室”。

[6] 丁贤勇：《晋省之旅：晚清民国时期温杭行程述考》，《华东师范大学学报》（哲学社会科学版）二〇一六年第六期。

[7]《国内轮船运货进出口之调查》，《申报》一九二一年四月二十一日，第十版。

[8]《国内轮船运住进出口之调查》，《申报》一九二一年四月三十一日，第十一版。

[9] 金星：《弘一大师在温州踪迹追踪》，《温州弘一大师文化研究》二〇二〇年内部印刷版，第一期第三十至三八页。

[10] 此札印文“演音”（上下白文）、“演音”（左右白文）、“弘裔”（左右白文），编入《近代の书道李叔同の初期遗墨汇编》，萱原书房时，取名“N037 来是札”，萱原书房二〇一四年版，第三七页。

[11] 侯鸿鉴：《浙东旅行记》，锡成公司代印本一九二〇年版，第四至五页。

[12] HYDSQJ-8:327.

[13] 大圆：《温州宏法记》，《海潮音》一九二三年第四卷第八期，第四至一三页。另见太虚大师编《海潮音文库 · 第四编 · 笔记（下）》，台北新文丰出版股份有限公司一九八五年版，第五三页。

[14] 陈海量：《在家学佛要典》，大雄书局一九四九年版，第三九九—四〇一页。

[15] 戈悟觉：《弘一大师温州踪迹》（增订本），上海文艺出版社二〇一〇年版，第七页。

[16] 弘一：《玉泉居士墓碣铭》，《微妙声》一九三七年第五期，一九三七年三月十五日出版。

[17] 谛闲大师：《为五戒弟子周孟由、吴建东等上堂》，《谛闲大师文汇》，华夏出版社二〇一二年版，第四六二页。

[18] 弘一：《〈印光法师文钞〉题词并序》，《弘一大师全集》（第七册），福建人民出版社二〇一〇年版，第六一八页。

[19]《全集》误注时间为“一九二一年旧三月廿八日”，应为“一九二〇年旧三月廿八日”。

[20] 陈星：《弘一大师手书百联》，西泠印社出版社二〇一八年版，第九五页。戈悟觉：《弘一大师温州踪迹》（增订本），上海文艺出版社二〇一〇年版第三四页收温州博物馆藏品中无钤印。

[21]《全集》误注时间为“一九二一年旧六月十四日”，应为“一九二四年旧六月十四日”。

[22] 赵肖为译编《近代温州社会经济发展概况瓯海关贸易报告与十年报告译编》，上海三联书店二〇一四年版，第二八八页。

[23][24][25] 木鱼：《弘一法师初到温州实况》，中国人民政治协商会议浙江省温州市鹿城区委员会文史资料工作委员会编《鹿城文史资料》（第四辑），一九八九年内部印刷版，第一四〇、一四〇、一四二页。

[26] 林子青：《弘一法师年谱》，宗教文化出版社一九九五年版，第一二二页。

[27] 宽愿法师：（曹云鹏记录）《弘一大师出家前后佚事》，中国人民政治协商会议文史资料委员会宗教组编《名僧录》，中国文史出版社一九八八年版，第一〇〇页。

[28] 卢友中：《雁荡山僧——竺摩法师传》，宗教文化出版社二〇一〇年版，第一五页。

笔记

找寻张璁府第

朱继亮

初春的清晨，我独自一人驾车往温州市鹿城区松台山，去找寻当年嘉靖皇帝赐给张璁而兴建的宝纶楼和府第遗迹，找寻那久违的古城亲情和名人遗迹。明嘉靖十三年（一五三四）十月，明世宗嘉靖皇帝朱厚熜把温州现在的大士门、张府基、三牌坊、妆楼下等地赐给张璁建府第，真是美轮美奂，雄丽壮观。改革开放四十余年来，温州经济发展突飞猛进，城市化建设日新月异，伴随着古城砖瓦房的“倒地”，一座座高楼大厦拔地而起，一条条古街古巷面目全非，文化古迹也被湮没在现代楼宇之中。

一

我在松台广场附近找好车位停好车，环顾四周，此处高楼鳞次栉比、人车川流不息。位于松台山北麓的张璁府第早已没有了，不复存在，取而代之是宝纶大厦、大士门大厦、万丰大厦等建筑物。据介绍，张璁府第位于温州市鹿城区松台山北麓、信河街中段西侧，东起信河街，南至三牌坊，西临胜昔桥（今路名），北到石坦巷，建筑壮观，规模宏伟。

清孙同元、徐希勉《永嘉闻见录补遗》载："张孚敬第在大士门，广一百余亩。相传嘉靖欲赐孚敬第，命侍臣呈图时，亲加一小圈，即召敬予之，初不知若是之大也。"民间传说，当年张璁奉旨兴建府第，赐造于温州城内。皇帝命侍臣呈上温州地形图，在图上信笔一圈，却不料这个"小圈"实际面积很大，且正好圈在繁华的五马街一带。勘定造府地址后，官府就下令居民迁居，弄得百姓叫苦连天。后来，有张璁的三位少年朋友受众人之托，前去求情，请求移地筑府，张璁于是择定移到松台山边清静偏僻的地方兴建府第。不管这民间传说是否可靠，但张璁的爱乡惜民之情是值得肯定的，特别是改革开放的今天，更具有现实意义。

明王士性《广志绎》卷四载："张文忠公宅，乃肃皇所赐第，敕将作大匠治之，门屏、河桥俱拟宫府，前代所未有也。"另外，清光绪《永嘉县志》卷三十一艺文志七录有温州知府郁山（字子静，号水轩，华亭人，或嘉靖十年或嘉靖十三年始任温州知府）《上张罗峰书》。现全文录下："阁下以敕建宝纶楼，大治第宅，广基地，强市买不已。夫居第传子孙，阁下今移易几何家，匝垣里余矣，而意犹未足，殆非所以善后。且阁下居朝常，喜称伊、傅、周、召之为相，独奈何所以处家者，顾出萧何、李沆下也。山亦知圣天子方向用，阁下还朝日月，而不职在太守，便葛巾野服，何所不可，岂驱赤子猎浮荣哉！地决不再广。"据此文，张璁府第有"匝垣里余"。清乾隆《温州府志》卷十八名宦郡宦下郁山本传有同样记录。

明姜准《岐海琐谈》卷十四有录："来福门右一带，城堞横亘松台山脊，郭外山麓前列民居，直抵河浒。张文忠以养疴归乡，议自城闉抵绿野桥，尽撤民居，将城移甃此地，松台围归私第。兴工有期，莫可如何。偶

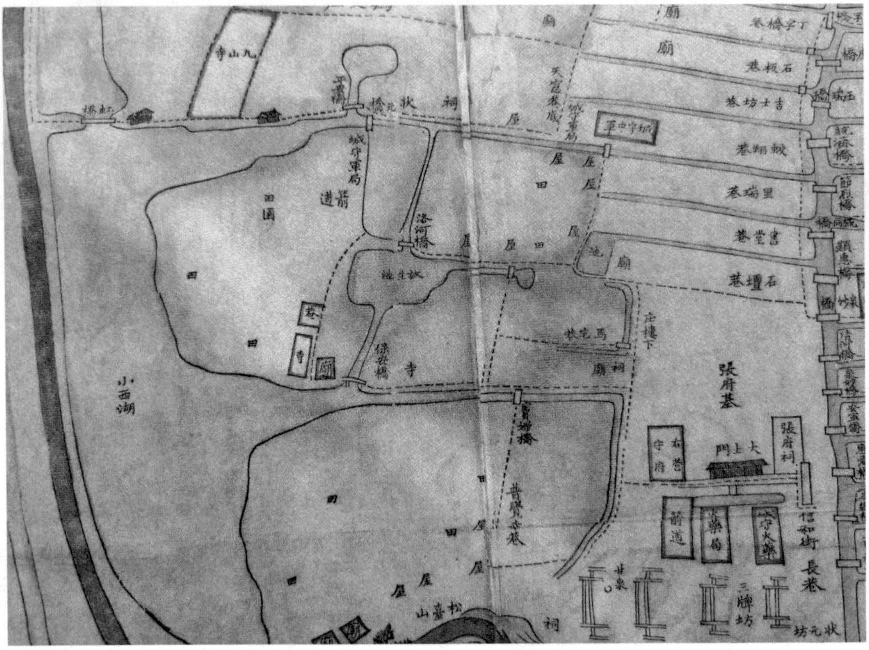

瓯海关一八七七年的报告所附的地图部分，有张府基、大士门、张府祠、三牌坊标示。（朱继亮提供）

有承差寓在妙果寺，众就问计，其人曰：‘此难以口舌争，惟用激变之策，差可弥耳。令诸人栖旗为激变字，削苦竹成枪，屯聚高喊，抑或知惧而止矣。’至日，文忠躬至，督撤民居，众从其计，遥见其状而咤之曰：‘何此辈逞凶一至于此乎？可置度外，勿与较也。’事因以寝。”

明《太师张文忠公集》奏疏卷八录有《请赐楼藏额名》：“兹于郡城中得善地一区，谨更建楼座，尊藏圣制，以图永久。乞皇上光赐额名，俾臣子孙世守之。”《世宗实录》卷一百六十八嘉靖十三年十月己亥条：“上尝赐大学士张孚敬书院额名贞义，孚敬建楼其中，尊藏圣制。至是，复以楼名请，上览奏，赐名‘宝纶’，令工部制匾，遣鸿胪寺署丞朱守宣赍送妥悬。”为何赐名“宝纶”，取“王言如丝如纶”之意。

据金文平《温州老街巷掌故》介绍，嘉靖皇帝敕建张璁府第并赠精雕石狮一对，派太史两人装船押运来温。不料遇风浪，将至码头时石狮沉江，两位太史殉难。张璁闻讯十分悲伤，为纪念两位太史，便在码头（今望江西路的帆影广场附近）边建起一座“太史爷庙”和一座“太史爷亭”，人们便把江边的码道取名为“太史码道”。

二

明嘉靖《永嘉县志》卷八外志宅载：“少师张孚敬宅，赐额‘荣恩’，乃献皇帝御笔。前有宝纶楼，俱在松台山北，嘉靖十三年敕建。四召亭在放生池，为张少师建。”

明万历《温州府志》卷三建置第宅载：“少师张孚敬宅在松台山下。有敕赐荣恩堂，献皇帝睿笔‘荣恩堂’三大字，世宗皇帝又题，‘皇考手泽’四字，旁注‘孝子皇帝识’五字。慕恩亭在荣恩堂后。”

明嘉靖《温州府志》卷四官室载：“敕建宝纶楼，在西隅松台山麓，

《敕建太师文忠公庙图》（朱继亮提供）

嘉靖十三年十月七日，少师张孚敬奉。”尊藏御札五百七十五道（明万历《温州府志》卷三记为八百七十五道）、诗文五十二道。楼计五间。清陶元藻（一七一六－一八〇一）有《东瓯杂咏》：“峨峨赐第彩云浮，争说罗山宠未休。五十二篇宫禁草，苍龎衔出宝纶楼。”（清光绪《永嘉县志》卷二十一）

明嘉靖《温州府志》卷四官室载：“制敕亭在宝纶楼前，碑七奉勒，制敕二十一道。”“四召亭在松台山北，碑三奉勒，制敕六道。”“荣恩堂在宝纶楼后。”“恩荣一品家庙在荣恩堂左，前有亭奉勒。”

张璁府第坐北朝南，第南有长池，名为静明池，横亘四十余丈，池上联锁石栏，其高六七尺，中驾方桥，平坦可容百余人，池水通九山湖落霞潭和放生池等处。大门中央署“大学士”三字直额，故称大学士府。左右悬“中兴贤相”“佐命中兴”两横匾。府第内分三大区，中区有制敕亭、宝纶楼、荣恩堂、慕恩亭，东区有恩荣一品家庙，西区有含春堂、妆楼、四召亭、众芳园、松台书塾等。

府第长池前有巨型石牌坊，雕刻精致。明嘉靖《温州府志》卷二坊门载：“元辅东西二座：御札封识每书张元辅，赍贤：御札诗有云赍作邦珍，孤忠：钦谕有云卿特孤忠尔。俱在宝纶楼前街。柱国东西二座，大学士、三少已上俱为张孚敬立；贤孝为中书舍人张逊志立，笃庆为中书舍人张逊志立，俱在宝纶楼后街。”共录十坊门。明万历《温州府志》卷三建置坊表，少录了大学士、三少，柱国无注明东西二座，共录七坊表。明嘉靖《永嘉县志》卷二建置志牌坊，仅录柱国、孤忠、赍贤、贤孝、笃庆五坊。

另据《普门张氏闻知录》卷一坊表载，孤忠、赍贤，在松台山麓，两坊牌楼有“玉音”字直悬。元辅在赐第前辇路，一左一右，牌楼直悬“玉音”字。柱国二坊在赐第的一东一西，明万历甲戌（一五七四）西柱国坊为飓风所摧，今阶楹俱在。荣恩在净光山麓赐第前，中兴硕辅在赐第大士门内，已上二坊明隆庆间被回禄，坊额都熸，四楹及遗址并存。兄弟中翰为静修公逊志、瓯江公逊业、瓯海公逊肤立，在东柱国左坊。父子京兆为别驾前符丞瓯江公治中，前问丞太衡公汝纪立，在东柱国坊右，明天启初年建，此与兄弟中翰坊一左一右，额久圮，其余柱至今具在。秋曹赞法京兆宣劳为汝纪公立，在松台山麓新河街，是坊明天启壬戌（一六二二）丑月建，凡八字分镌两面，昭然可考。

那么三牌坊为哪三个牌坊？说法不一。一种说法为柱国、孤忠、赍贤三坊，这可能源于嘉靖《永嘉县志》卷二记录。另一种说法为元辅、赍贤、孤忠，可能源于嘉靖《温州府志》卷二和《普门张氏闻知录》卷一。

三

《世宗实录》卷二百嘉靖十六年五月戊子条：“孚敬又奏谢敕建宝纶楼，得旨：楼令有司拨人看守，毋致损坏。”宝纶楼、张璁府第于嘉靖十三年（一五三四）十月始建，十六年（一五三七）五月建成。据载，这年下半年，张璁带着潘夫人和侧室陈氏、王氏及次子逊业、三子逊肤、侄子张郡移家居之。此处的张璁府第，称“太师第”，温州人皆称“后府第”，因为之前张璁居住的瑶溪府第贞义书院创自前。

嘉靖《永嘉县志》卷首的永嘉县治图有宝纶楼标示。万历《温州府志》卷首的永嘉县境图有敕建宝纶楼和四召亭标注。明末清初人邢昉（一五九〇－一六五三）《石臼前集》卷三录有《四召亭歌》中“今永嘉城中有大宅，规模仿佛同京师。御札千道贮高阁，雕槛文窗严扃”，作于辛巳年。《石臼前集》录明事，《石臼后集》录清事。此处的辛巳年即明崇祯辛巳年（一六四一）。当时其建筑雄丽壮观。

嘉靖十八年（一五三九），一代贤相张璁逝世。后因子孙式微，张璁府第开始荒废。清初周茂源《过张文忠旧第》：“赐第松台麓，元臣主眷优。天章悬废阁，相印没荒丘。议夺千官气，身无十世谋。立谈工巷遇，何似富民侯。”（《鹤静堂集》卷五）周茂源（一六一三—一六七二），字宿来，号釜山，江南华亭（今上海松江）人。顺治十五年（一六五八）、康熙二年（一六六三）、康熙五年（一六六六）三度来温。从“天章悬废阁，相印没荒丘”句知，皇帝御笔的匾额犹在，但府第已有荒废衰败景象。又据清光绪《永嘉县志》卷二十一古迹志一名胜载，制敕亭、四召亭、朝阙亭，今废。据康熙时府志可知，在康熙二十四年（一六八五）刊刻康熙《温州府志》时，三亭已废。

据清沈炳巽《权斋老人笔记》卷二载：“明张文忠孚敬第在温州府城之东门。余幼时随先学博之任平阳，犹及瞻仰。第中宝纶楼者，藏明世宗御札及先世诰敕之所也。康熙庚午之秋，火从楼中起，延烧厅事、书斋，皆为灰烬，文忠所藏书画宝玩及御书宸翰悉毁无遗。”此处“东门”误，应为西南门。先学博指沈炳巽父沈雍，于康熙二十六年（一六八七）任平阳县学教谕，康熙庚午年即康熙二十九年（一六九〇）。沈炳巽也称得上是亲历者，所记应不误。从文中可知，宝纶楼及府第于康熙二十九年（一六九〇）秋天一场大火中被毁。

清刘廷玑《在园杂志》卷二载：“温处观察驻扎，定以温州府城。城之北有松台山，上有望阙亭。傍山下有宝纶阁，为前明赠太师张文忠孚敬之相府也。”“今子孙虽式微，其府第犹存。”此处“城之北”误，应为城之西南。“宝纶阁”应为宝纶楼。刘廷玑（一六五三—一七一六），字玉衡，号在园，康熙三十五年（一六九六）任温处道，康熙三十九年（一七〇〇）离温。此处虽记为“府第犹存”，与前记康熙二十九年（一六九〇）失火，也就差五六年。

清孙同元《永嘉闻见录》卷下载：“张文忠公旧第在松台山麓，其旁即为祠堂。余于癸巳冬仲入祠游览，大有坍坏之虞。”“第中垣墉剥落，屋宇倾颓。院落尽成街道，所居者皆张姓。其子孙亦零落无几，不但无出仕之人，并读书者亦复罕闻。第前有长池，池前有大石牌坊三，今里俗称其地曰三牌坊，即在山之麓，相传系进士第大道。今虽荒烟蔓草，迥异昔时，而当时甲第巍峨，气象赫奕，犹可想见其规模也。”孙同元，字雨人，仁和（今杭州）人。道光七年（一八二七）二月始任永嘉县学教谕，此处癸巳即道光十三年（一八三三），此时已“荒烟蔓草”“院落尽成街道”。

福建长乐人梁章钜于道光二十七年（一八四七）居温州，道光二十九年（一八四九）病逝温州。其在《浪迹续谈》卷五载：“余来温州，寻宝纶楼遗址不可得。”可见，其时的宝纶楼等建筑已毁，仅剩大士门、张府祠了。

据《普门张氏闻知录》卷四古迹载，府第前的东厅、西厅，于道光二十七年（一八四七）之前已改建为春药局房。乾隆《永嘉县志》卷首的县治图有张府基、火药局标示。光绪三年（一八七七）瓯海关贸易报告内折页地图，有张府基、大士门、张府祠、三牌坊。在大士门西为右营守府，大士门前与三牌坊之间，从东至西分别为城守火药、火药局、箭道。刊于清光绪八年（一八二二）的光绪《永嘉县志》卷首舆图新定有《城池坊巷图》，其中载有三牌坊、张府基、张祠之名。

清方鼎锐在《温州竹枝词》有云：“东山祠宇太荒凉，大士门前秋草黄。宰辅声华易销歇，谁从议礼溯平章。”注曰：“大士门为明大学士张孚敬故第，今半倾圮，后人亦复不振。”清戴文俊《瓯江竹枝词》有：“连绵草绿相公家，半里妆楼剩落花。闲向蜃川寻七曲，放生河上看捞虾。”又有：“三牌坊畔麦风凉，龙须席草比侬长。织得回文双蛱蝶，与郎并枕学鸳鸯。”其中有注：“三牌坊在松台山下，明大学士张孚敬赐第也。居人多织席者，龙须草细而凉，有黑绿紫三色。”说明清末此处已建民居。

据介绍，民国以后，张璁府第门台已拆除无剩，原有石狮一对，也被人移作他用。民国时期，进入张府的进第大道上尚铺有长方形大石板成百条，后由第八区（温州）专员张某移作他用。

四

张璁府第在清康熙二十九年（一六九〇）秋天的一次大火中被毁，而三牌坊、大士门、张府基、妆楼下作为街巷一直沿用着。清光绪《永嘉县志》卷三建置志一隅厢街巷载：“寿宁坊即宝纶楼前，今曰三牌坊。浣纱坊俗曰普觉巷，今曰大士门。”

三牌坊，据说旧称“衮绣坊”，待考。相传宋代时此地已成为街坊。因坊内住有一位寡妇，丈夫在战争中牺牲，后寡妇因皇服被撕破跳井自尽。皇服在古代称为衮裳，故袭用此典，将坊命名为衮绣坊。明时，此坊有三座牌坊，故改名三牌坊，“文革”时曾一度改称三八巷，一九八二年复称三牌坊至今。

大士门，据资料载旧称“龙首湖坊”，待考。明万历《温州府志》卷三建置坊表载，龙首湖坊为大学士张孚敬立，位于安丰桥西大街至大来桥净光山前的街南。按照方位，大士门应位于来福门内新河大街至八字桥的街西，寿宁坊、浣纱坊均在此段。大士门是张璁府第大学士府的大门或正门，又称阁老门或称国老门。原来位于府第南面，整修府第时移于东面。今虽府第门台已拆除，但地名仍称“大士门”。在三牌坊和大士门之间原来是大片水域，现为温州市中医院大门士院区（温州老年病医院）。

张府基，因为张府正宅旧址得名。据老人介绍，由大士门进去，走过一段路，就是张府正宅所在，留有一大块空地基，故称“张府基”。清时就“院落尽成街道”。南起大士门，北至石坦巷，原是一条石板路面的巷子，张府基在“文革”时曾经改名“猛进巷”和“建福巷”。一九八二年恢复原名。张府基在前几年信河街改建工程中被拆，建成居民区。

妆楼下，南起胜昔桥，北至石坦巷。因此巷紧靠张璁府第西侧，系张府女眷梳妆的妆楼之下，故名。妆楼又称“粧楼”，楼西有御史第，张天麟居之。如今“妆楼”早已不存在，但“妆楼下”却由此而得名。现在，张璁府第遗址上已建起宝纶大厦、大士门大厦、万丰大厦等建筑物。

在松台广场北侧，我巧遇八十六岁的张明材老人，他家世居在大士门附近。据他说，少年时，他们都在大士门的石牌坊旁边玩耍，偶尔攀爬柱石，牌坊上面精雕细刻。三牌坊的石牌坊，上世纪六十年代中期前尚在，惜在“文革”中被拆除，后柱子被砌入民居。本世纪初有媒体报道，旧城拆建时出土的三牌坊的石牌坊的三根牌坊柱石，却被铲车野蛮挖断。温州摄影家邵度于上世纪三十年代拍摄的三牌坊之一石牌坊的照片流传于世，图中石牌坊很是雄伟，蔚为壮观。

在张明材老人指引下，我在松台山北麓山脚下三牌坊巷西首，找到当地人称之“阁老井”的水井，据说这是当年张璁府第和周边百姓的生活饮用之井。明嘉靖《永嘉县志》卷二建置志坊市载：“寿宁坊，今宝纶楼前街，有井。”此井为温州建城时所开凿的城内二十八宿井之一。因位于三牌坊巷西首，又称三牌坊古井。井平面呈六边形，井栏为青石板合榫而成，高零点四米，边长零点七五米，井壁用花岗岩块石垒砌，井深达六米左右，水源常年充沛，来自松台山。

三牌坊古井于二〇〇五年八月与松台山仙人井与八角井合并为松台山上下井（含三牌坊古井），公布为温州市第五批市级文物保护单位。

二〇一七年一月十三日，浙江省人民政府公布第七批省级文物保护单位名单，二十八宿井（之三牌坊古井）榜上有名。

五

原位于张璁府第东侧的恩荣一品家庙的一部分，现称“张璁碑亭”，立于松台山麓的妙果寺西侧。

修成于嘉靖十六年（一五三七）八月的嘉靖《温州府志》卷四官室载：“恩荣一品家庙在荣恩堂左，前有亭奉勒。御制诗一首，同前，又奉勒。钦赐更名‘孚敬’二大字，钦赐更字‘茂恭’二大字，皆御笔横书。”可知，恩荣一品家庙与府第同时建。后于嘉靖十八年（一五三九），为纪念张璁增敕建，榜曰“对命休扬”，又曰“明太师谥文忠罗山张公庙”。终明之世，春秋二季，必由有司致祭。康熙《永嘉县志》卷三庙祠载：“张文忠祠在宝纶楼后，祀明大学士张孚敬，岁春二月十六日，秋八月初二日致祭。”据《普门张氏闻知录》卷二祠祀载：“赐御祭凡十有四坛。”“每年春二月、秋八月，俱初十日致祭。”时间略有不同。

清道光二年（一八二二），《普门张氏闻知录》编者张铭随父亲谒拜公庙，见夫亭中供御书碑二座，遗像碑一座。其楹联云：“幼学壮行，极儒臣之懋宠；进礼退义，继明哲之休风。”仪门联云：“四召频烦天下计；两朝开济老臣心。”寝堂鼓钟齐列，有秩祀事宜，并遣官致祭牌数面分揭。其庙门联云：“报德报功，国典春秋二祀；致爱致慤，家禋俎豆四时。”又云：“君臣际遇兹为盛；终始安全此独难。”堂中直悬“太师”额，前傍曰“恩荣一品家庙”，曰“三朝锡命”。乾隆己巳年（一七四九），提学于敏中署曰“贻泽钟祥”。家庙于道光二十七年

笔记

三牌坊古井文物说明碑。（朱继亮摄）

三牌坊古井。（朱继亮摄）

（一八四七）重构。刊刻于道光二十七年（一八四七）的《普门张氏闻知录》卷首录有《敕建太师文忠公庙图》（在松台里赐第敕建宝纶楼后），可见一斑。

一九五八年二月，温州市人民政府将家庙单体建筑之碑亭及三座丰碑移至妙果寺旁，称“张璁碑亭”。碑亭木构建筑，面阔三间，四面回廊，重檐硬山顶，基本上保持了原构风貌。

亭内竖立汉白玉石敕制三碑三座。中为张璁像刻碑，“貌极瘦挺，颇有威气，须长过腹，连鬓丛生，执笏侍立”。清戴文俊《瓯江竹枝词》有：“御札恩荣四召时，宽袍搢笏想威仪。西风江上椎声急，遗像何如谢客儿。”像之上端刻有嘉靖七年（一五二八）正月初十（此时张璁加少保兼太子太保）御赐古诗一首：“戊子新正吉，春享祖庙亲。祀礼忻已成，肃驾回宫宸。登辇偶回顾，舆南一辅臣。貌奇真才杰，形端志气伸。外焉秉贞一，内则抱忠纯。诚正辅吾躬，清白饬乃身。予喜荷天眷，赉贤作邦珍。庶几皋夔辈，望以康斯民。”戊子年（一五二八）新正，春享宗庙回，嘉靖皇帝见辅臣张孚敬以陪祀出侍立道傍有作。“嘉靖丁酉立秋日，光禄大夫、柱国少师兼太子太师、吏部尚书、华盖殿大学士，臣张孚敬谨识勒。”此碑也称御制诗碑。明嘉靖《温州府志》卷一录有御赐古诗。

清光绪《永嘉县志》卷二十四古迹四有《御制诗碑》下，存有《恭和圣制诗》一首：“都宫左清庙，尊祖兼亲亲。承祀拟同日，龙旗出枫宸。纲常自天地，父子与君臣。吾皇匪建极，正论胡由伸。乖违陋光武，奏对羞张纯。咸知縻尔爵，孰肯忘吾身。迷邦忍怀宝，待聘谁席珍？遭逢尧舜主，康济唐虞民。”《再恭和圣制》一首：“圣作万物睹，莫不知尊亲。有官入秘阁，无日离严宸。忻忻臣遇君，恐甓君择臣。国是到今定，吾道原自伸。用贤岂惟急，所贵心能纯。从兹得联属，永终成乃身。稼穑代食宝，藜藿忘味珍。利见天上人，只是山中民。”后加“臣张孚敬顿首赓和”。此为嘉靖十六年丁酉（一五三七）张璁六十三岁时所书。碑刻原均藏于恩荣一品家庙内。字体工整端庄，书法出入颜柳，并有十分明显的明代所流行的台阁体楷书特征，与现存的《观荷亭记》及《先考叶公圹志》如出一辙。从张璁传世的楷书碑刻来看，可以领略到明代士大夫在科举书法上所下的功夫和当时的审美趋向，无论是诰命、碑文和典籍、科举试卷都是标准的楷书。

张璁的书法传世很少。近年，陆续发现了一些有关张璁碑刻的资料。温州博物馆库房中有关张璁的碑刻拓片有十几幅，其中除一批嘉靖皇帝诰命拓片外，有张璁草书《金陵秋兴》和楷书《慕恩亭记》，上面提到的《恭和圣制诗》，此碑刻一直封存在库房中，从未公开发表。其中《慕恩亭记》碑刻原藏于张璁府第故宅后。从《慕恩亭记》中可以看到，嘉靖皇帝对张璁的厚爱和张璁对皇帝的忠心，碑文部分内容详见嘉靖《温州府志》卷八和《张璁集》四一四页。这些资料对研究张璁，特别是研究其书法提供了第一手史料，极为珍贵。

另，草书《金陵秋兴》为嘉靖元年（一五二二）秋，张璁在南京任刑部主事，历览山川，伤时感事而作的八首律诗。此为两面刻石，每面各刻诗四首，高约一尺，宽二尺四寸，正反各二十七行，中间有断裂。据载，清嘉庆年间（一七九六－一八二〇），此刻石辗转入曾任湖南粮储道的族裔张瑞溥手，藏于其别业如园（今池上楼）中，一九五二年其后人将刻石捐献给市文管会，现藏市博物馆。据考，张璁草书受怀素、赵孟頫和宋克书法的影响，用笔婉转清晰，结体严谨，略带章草特征。张璁虽不以书家传世，但此碑在明人传世书法中亦属珍品。

亭内东西是御笔大书名字碑二座，分别是嘉靖皇帝御笔书赐张璁名、字的石碑。嘉靖十年（一五三十）二月，张璁以名有嫌于御讳，请改，皇帝赐名孚敬，字茂恭。东碑为“赐永嘉张元辅名”，下平列“孚敬”二字，西碑为“赐永嘉张元辅字”，下平列“茂恭”二字，其上各有“广运之宝”玺文，左右有“御笔”“嘉靖”两圆形图章。“孚敬”“茂恭”，字大尺许，笔势雄伟，诚巨观也。

张璁碑亭是温州目前所能见到的最大的碑刻。一九八一年六月十一日，被列为温州第一批市级重点文物保护单位。二〇一七年一月十三日，浙江省人民政府公布张璁碑亭为第七批省级文物保护单位。该碑亭后侧就是春意盎然的松台山公园，是个春季踏春的好去处。

张璁府第巍峨，气象赫奕，颇具规模。可惜，张璁府第在清康熙年间的一次大火中被毁，而三牌坊、大士门、张府基、妆楼下作为街巷倒一直沿用着，从这一方面，可见温州人对张璁怀念之深。然而旧城改造，信河街星罗棋布的七十二条半巷弄逐步消失或荡然无存。若干年后，这些熟悉的街巷将成为老人的记忆，而我们的下一代只知道高楼大厦了。

我一直深思，在城市化建设中，历史古迹在轰鸣着的推土机下被毁灭，这是一种无法补偿的遗憾。一座城市对名人遗迹、文化古迹的保护和敬畏，才得以使这座城市具有相当的美誉度，更为世人所景仰和崇拜。

张璁府第旧址寻故

夏新天　夏志鼎

张璁（一四七五—一五三八），是温州历史上为数不多的高官，人们以“阁老”称之。张阁老的传说逸闻在温州可谓家喻户晓，永强、瑶溪和温州城底，与张阁老有关的地名也处处可见。现就温州城内的张璁府第相关各处旧址，做一收集整理，以志旧城变化的翻天覆地。

张阁老是永嘉场（现龙湾区大罗山以东区域）人，世居永嘉三都普门。后出仕离乡，明朝嘉靖年间官至内阁首辅。致仕后返里，嘉靖皇帝赐其在郡城（温州城区）建造府第。张府造了四年，建成后张阁老才从瑶溪的山中搬到新建的府第居住，未及两年，张阁老就去世了。所以说张阁老满打满算也就在温州城内住了两年，但是给温州留下了张府基、妆楼下、大士门和三牌坊等地名，至今依旧沿用。

张阁老的豪宅区域，历代方志均有记载，南起松台山北麓，北到石坦巷，东到信河街，西至妆楼下，占地一百余亩。据历代诗文之描写，张府巍峨宏伟，不啻为一处温州的“皇宫”，在浙南闽北独树一帜，堪称温州第一“豪宅”。

这处张府豪宅，位于明清时永嘉县城四隅之一的西南隅，民国时属永嘉城区九镇之一的落霞镇，新中国成立后属温州市城西区公所，一九五三年后属西区、九山区，一九五六年后属松台街道，一九六〇年后属城西公社的松台分社、兴无分社以及兴无公社，一九八〇年复属松台街道至今。

由于占地近百亩的庞大体量，张璁府第旧址区域自北向南，在明清时分别涉及祈报坊、浣纱坊和寿宁坊三个坊巷，新中国成立后又分属张府基、大士门、三牌坊等三个居民委员会，现属来福门社区居民委员会。

张府基，原为自石坦巷到大士门的南北走向小巷，以张璁府第的主建筑区旧址得名。小巷的两侧为居民区、学校和工厂，东到信河街，西至妆楼下。现该区域为万丰大厦、宝纶大厦和石坦大厦。

在张府基生活了五十多年，一直到二〇〇〇年信河街改造、大士门周边拆迁才搬离的蒋日春先生（八十一岁），说起这一带来如数家珍。

据介绍，蒋先生是他父亲这一辈于民国后期搬到张府基的，当时这里已经是居民区，一片晚清民国的建筑物，有各自的产权，罕见张姓邻居。可以推测当年张阁老的房子失火之后，在废墟上逐渐开辟了道路，并由不同的人修建了许多新的建筑物并在此安家生活，形成了一片居民区。

张府基为张府的正宅所在，按地域分成“老九间”（西侧）和“新九间”（东侧），应是张府正宅旧居的布局。在“老九间”和“新九间”之间是青石道路及一块不小的道坦（小广场），叫作大青坦，由许多整齐划一的大青石铺成。大青坦南端与大士门交接处为正宅的大门，“大学士”匾当年就高悬于大门之上。门口有一对石狮子，高大威武，七十年代还左右蹲守在张府基的路口。大青坦的北端有一口井，清冽甘甜，水质上乘，传说是张阁老家厨房的水井，为周边居民沏茶做饭的好水源。大青坦是小孩玩耍的天堂，平整方正的青石规格丝毫不差，打“铜钱钉”、飞“捏儿

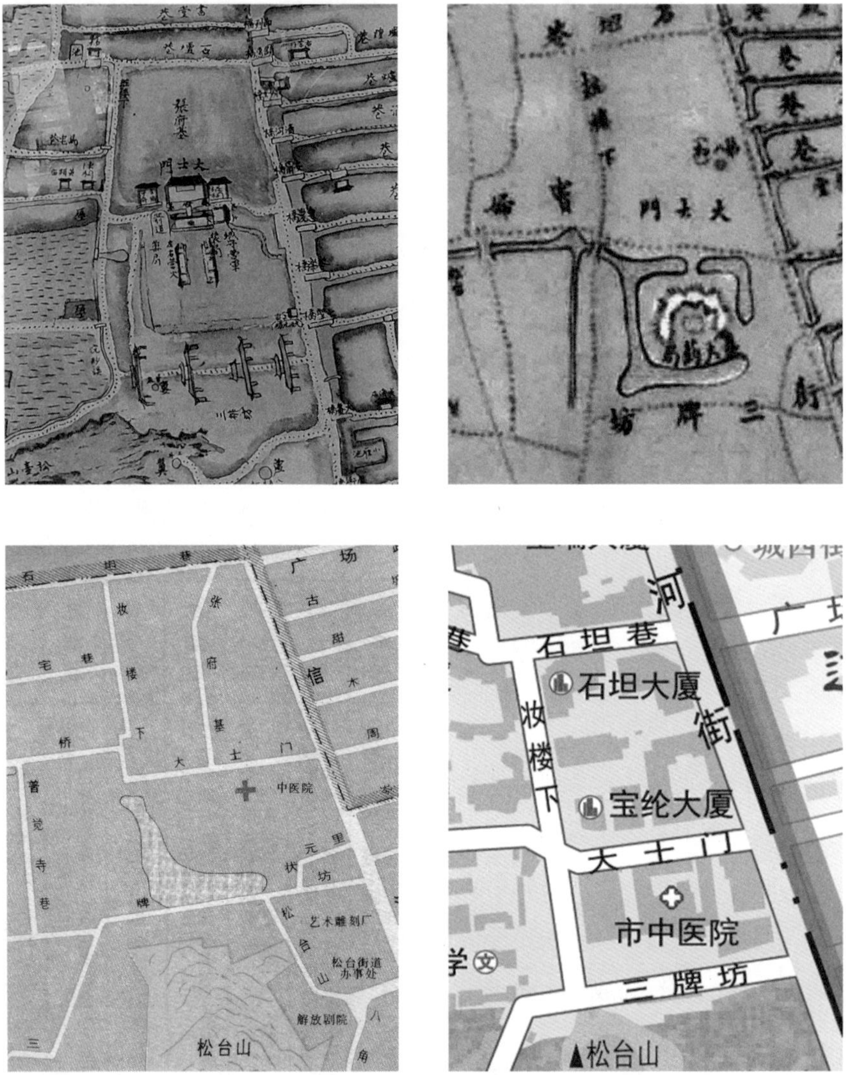

大士门附近各时期地图。左上为晚清地图，右上为民国地图，左下为上世纪八十年代地图，右下为目前地图。

板”（以前温州的两种儿童民间游戏）一目了然，基本不会引起争议。

张府基不仅是张璁府弟的遗迹，对温州的文化发展也发挥了不小作用。在张府基东北端，靠石坦巷，一九三二年建成温州第一家专业电影院——光华电影院，拥有七百个座位，当年温州人无不以在光华看电影为荣，红男绿女蜂拥而至，张府基一时成为引领浙南闽北的时尚中心。“小时候曾有一次攒了好几个月的零花钱去光华电影院买票看电影，好像叫《女僵尸》，没想到是恐怖片，好几次吓得滑下座椅，低头不敢看……”从小居住在附近仓后，八十三岁的夏贤焜先生说起当年的情景依旧感觉往事宛如昨天，哑然失笑。

一九六三年在张府基的西北端建成温州市培红小学（现石坦巷小学），基础教育惠及以张府基为中心，东到温州剧院，西到九山公路，南到松台山，北到八字桥的大片区域。由于严抓教学质量，石坦巷小学逐渐成为温州名校，现任浙江大学校长吴朝晖就是该校的毕业生。

妆楼下，原为南到胜昔桥，北到大士门的小路。这条张璁府第西墙外的小路，因为紧挨张府女眷梳妆打扮的妆楼，俗称为妆楼下，后来成了正式名称。以往路西为菜园和低矮小屋，现为芳景大厦。旧城改造后，妆楼下向南延伸至三牌坊，原来增爵小学东侧的无名小路成了妆楼下的南延部分。

大士门，东起信河街，西至胜昔桥的东西向道路，以张璁府第内正宅大门上悬挂有“大学士”匾而得名。此路原先应为张府花园和正宅间的小路，张阁老过世后豪宅失火，后世式微，府第渐成居民区，宅内的蹊径被辟为公共道路，大士门也就成了道路的名称。

大士门西端和妆楼下交界处是一大排房子，门大阶高，整齐划一，当地小孩叫“破衙门”。这里曾是前清的军营——右营守备署，民国后曾改营过钱庄，后来建成温州第三棉纺厂。

改造中的张璁府第旧址。①松台山，②三牌坊，③松台菜场，④中医院，⑤大士门，⑥万丰大厦，⑦宝纶大厦，⑧张府基，⑨石坦巷，⑩信河街。（夏新天摄于二〇〇二年）

“破衙门”的东邻是汪宅大院，当年居住着温州著名的汪氏三兄弟：老大汪性良（温州普华电灯公司总稽查）、老二汪惺时（温州交通银行行长）、老三汪雪怀（温州厚康钱庄总经理）。据汪家后人七十岁的汪履嵩先生介绍，汪宅大院由三兄弟的父亲汪晨笙（温州著名的金融家和慈善家）主持建造。因和松台别业的主人黄溯初交好，汪晨笙就在与松台别业近在咫尺的大士门张府基购买了一大片旧民居，拆除后于一九二六年新建了这座糅和了西洋风格的徽派建筑。汪宅加上后来购置的花园，占地约近五百平方米，几乎占了张府基整个西南角。一九五四年，政府以八千元赎买汪宅，汪家被要求迅速腾空。很快，以汪宅为主体，连同西侧转角的“破衙门”，建成了温州第三棉纺厂。

大士门东端为张阁老的家祠——敕封一品家庙，老街坊邻居都还记得黄色的外墙和高大的台阶。上世纪五十年代张府祠堂被政府搬迁，此地建成了温州第四棉纺厂。上世纪末信河街改造，随着道路大幅拓宽，四棉也就是张阁老的家祠所在地，成为信河街道路的一部分。

大士门有两个牌坊，一直到上世纪五六十年代还竖着，据说其中一个牌坊破损的构件掉下来还砸伤了附近四棉的一个工人。

大士门是通向九山河的主要通道，一半路一半河，河位于路的南面，当地人称“栏杆河”。大士门地势较低，夏季台风暴雨之际，栏杆河常常水漫大士门。路边民居可以借此免费流水将自家庭院清洗一番，河鱼游进人家的趣事也时有耳闻。以前栏杆河向东通信河街的信河，向西流到妆楼下一分为二，一支继续向西，经窦妇桥流入九山河；另一支则向南拐，一直到松台山脚再转弯，向东流止于三牌坊的第二座牌坊处周边。这样，张璁府第的南部，就形成了一个三面环水的半岛，后来上面建起了清朝的城守营军装局和左右营火药局，并建有练武的箭道。清朝覆灭后，火药局逐渐荒废，成为周边农民耕种的菜地，最后在菜地上建成温州中医院。信河街改造时，中医院原地未变，围绕中医院周边建起了四幢大士门大厦。

三牌坊，东起信河街，西至九山公园的东西走向道路。三牌坊是进入张府大宅前的道路，在张府大宅和松台山之间，因立有三座高大的牌坊而得名。

三牌坊和大士门相仿，也是一半路一半河，不同的是河位于路的北面。这样，在三牌坊和大士门之间，形成大片水域，水中又有田地。据老人说，以前这里是张阁老家里的花园。

松台山北三牌坊路边的河，当地人称“三牌坊河”，是一条在温州城内来说比较大的河。据对明史有研究的温州黄永陵先生根据资料推测，“栏杆河”向西，再向南，再向东变成三牌坊河，这个半环形的河道应该属张府大宅花园的内水景。据古时候的记载，张阁老回家，就是从信河街进入三牌坊，西行，在三牌坊的中西段北转进入张府大门。还有个传说，这条三牌坊河里曾捞出许多的银锭，大家都说是张阁老的钱。上世纪八十年代中期，三牌坊河被填，其上建造了松台菜场。笔者小时候常在松台山、三牌坊一带玩耍，当时三牌坊河清澈荡漾，河中的火药局菜地菜叶嫩绿，豆花飘香，俨然一处城中桃花源。小伙伴们不是在三牌坊河里捞“虾子”（鱼虫）回家喂养在阳台或天井水缸里的金鱼田鱼，就是到火药局菜地里挖蚯蚓到九山河钓鱼虾。儿时童趣，虽岁月荏苒，依旧历历在目。

三牌坊西段的松台山麓，有一口古井，是温州城内二十八宿井之一。由于紧邻张府，有传说是张璁府第的用水井。这口井常年水量充沛，水质上佳，以前是周边居民的生活用水源，即使后来通自来水后，其清甜的滋味也是自来水无法比拟的，每日来打水用以泡茶做饭者络绎不绝。井边常年摆放着数个不同质地的提桶，皆是热心人捐献的，来打水者可自取使用，用完后归还原处，过往行人亦可打水饮用解渴。上世纪七八十年代，温州常遇自来水停水，有时水龙头里放出的也是引自瓯江的咸水，井前打水者更是每日爆满，远至广场路、府前街的居民挑担推车来打水的，也司空见惯。

一代名相张璁，晚年致仕归里，乞嘉靖皇帝恩准在郡城造府第，历时四年。郡城府第修建期间，张璁一直居住在瑶溪山中贞义书院，连其主修的嘉靖《温州府志》也是在瑶溪修成。嘉靖十六年（一五三七），位于松台山北麓的张璁府第建成，张璁偕眷于年末从瑶溪移居温州城内。嘉靖十八年（一五三九），居住未及两年，张璁辞世而逝。据光绪《永嘉县志·建置·隅厢》载：“新河大街，自来福门里新河至八字桥，万历《志》……街西有寿宁坊（即宝纶楼前，今曰三牌坊）、浣纱坊（俗曰普觉寺，今曰大士门）……”万历《志》即万历《温州府志》，由温州知府刘芳誉于万历二十五年（一五九七）延聘王光蕴开局所修。依其记载来看，万历年间，张府所在地已成坊巷。

张阁老逝后仅数十载，府第已成市井道路，当年名闻遐迩的张阁老，亦尽成人们口中的谈资，历史烟云，如白驹过隙，让人不由得感叹人生辉煌仅在瞬间，转眼之间，灿烂即归于乌有。

曾猛最后关押在哪里

陈以周

“什么是托派？”这是《迷途的羔羊：中国托派沉浮录》（猎海人二〇一六年版）作者王永胜应《瓯风》主编方韶毅之邀整理托派王国龙口述影像资料时的第一反应。若没有读到后来刊登于《瓯风》第四集（黄山书社二〇一二年版）的这篇《王国龙口述自传》，我也会和作者一样一脸懵。

因缘际会，我又读到此书，对书中描写的温州托派创立者曾猛（一九〇四——一九六〇）印象颇深，而对其最后关押的地点产生了点疑问。书中提到曾猛曾有五次被捕的经历，最后一次是在镇反运动时被捕，后来转解杭州，关押在杭州监狱。关于托派关押地点，书中引用了托派老人周履锵的话说：“全国处理托派，是以大军区为范围划分地域的，地方上没有处理的权力。”曾猛最后关押的“杭州监狱”，作者引用《浙江监狱工作回忆录（1949—2005）》（浙江人民出版社二〇〇八年版）说：“杭州市监狱位于现庆春路西段小车桥一号，杭州人习惯称为小车桥监狱，一九五五年改名为浙江省第二监狱。”

书中写道，一九五七年八月，“肃托”五年后，全国组织各地监狱关押的托派囚徒齐聚上海开展“参观活动”，结束后，温州托派曾猛和周仁生被送回杭州，一同关押在浙江省第二监狱。恰巧，这时周仁生和受“胡风案”牵连的七月派诗人冀汸同住了一个星期。在与周仁生的一次聊天指引下，冀汸在回忆录《血色流年》（复旦大学出版社二〇〇四年版）里记载了曾猛此时的状态：

> 个子不高，微胖，步履蹒跚，显得非常衰老，年龄总该过了七十吧？情形经常是这样的：每天吃过早饭，管理员就来带他出去，到了吃晚饭的时候才送回来，谁也不知道他整个白天在哪里过的。监房对于他，似乎只是一个吃早餐、晚饭和睡觉的地方。

不过，作者忽略了冀汸在押往此监狱的路途中，回忆录里还有这样的描述：

> 车过中山北路后，在庆春街走了一段，然后向右拐进一条又窄又深的巷子里，缓缓行驶了许久，在一间旧式民居的门口停下。
>
> 这算“监狱”吗？不仅比不上小车桥，也比不上公安干校。
>
> 我要弄清楚这里是什么地方。看守走过门口，我喊“报告”了，说自己昨天夜里才来，说要写信告诉家里，回信地址应该怎么写？他答“杭州庆春路乌龙巷××号”。

显然，这里已非“小车桥”监狱，而是一座位于“庆春路乌龙巷”的“民居”。

无独有偶，我在另一位受“胡风案”牵连的七月派诗人孙钿的回忆文章中也发现类似的记载（见《孙钿诗文选》，宁波出版社一九九七年版）。据孙钿《随风飞逝的一些往事》回忆，他是在一九五五年五月“受到胡风冤案的株连，在杭州乌龙巷蹲了一年牢狱”。在《与胡风同命运》中，孙钿多次描写了他与曾猛同住牢房的生活，抄录几段如下：

> 有个矮矮的老人也奔跑到我旁边来了，他那苍白的脸孔皮肉松弛，剃了光头，他一开口就说：“我叫曾猛。”我听不清，问：“叫什么？”他说：“曾猛。曾国藩的曾，猛虎，一只猛虎的猛。”我觉得他说话的语调有点异样，我问：“你是哪儿人？”他说：“温州人。”

> 笼子里的信息传播很快，我并没有把我的案情告诉那个叫曾猛的老人，他却利用活动奔跑的机会问我：“胡风是怎么回事？”我只能回说：“不清楚。”事实上胡风的问题用几句话是说不清楚的。

> 坐在牢门旁边的笼子头头是诸暨人，听说是镇压反革命时抓进来的当过大官的军统特务。他同曾猛在这笼子里可算是元老了。曾猛的脸色像白纸一样，眼皮青黑，矮矮的个子，宽阔的身材。农业学院的学生告诉我，曾猛是莫斯科中山大学读过书。这就使我意识到他可能是“托派”，要不，怎么会坐牢呢？可是每当“活动”奔跑的时候，曾猛总要挨近我说话，他背诵《琵琶行》，背不下去

了，要来问我，我说不知道，他便腼腆地叹了口气，摇摇头，不知在嘀咕些什么，独自奔跑过去了。

笼子里有两个人的座位从不挪动：一个是曾猛，他背着木栅端坐，双目下垂，像一尊菩萨，他从国民党监狱一直坐到现在，不判不放，不知要坐到何年何月。

曾猛的一条簇新的白短裤，刚从温州寄来，他舍不得穿，经常拿在手里瞧了又瞧，瞧够了，细心地折叠得好好的，放进了他的包裹袋里，这一回可糟了，那条白短裤给撕成了布条，他懊丧之极，太息地说："真不该缝上两根带子！"他双手抓着碎布条，默默端坐，两行眼泪沿着脸颊簌簌滚下。

从孙钿的记载中可见一九五五年的曾猛稍显"活力"，不像一九五七年冀汸笔下那般"衰老"。一九四九年后，"托派分子"和"胡风分子"关押在同一牢房里，确实是"意味深长的一幕"。据《迷途的羔羊：中国托派沉浮录》记载："一九五二年十二月二十二日全国大肃托，国内四百八十五名托派党员或团员被一网打尽，悉数入狱。"而"胡风案"于一九五五年五月"在全国清查中，共触及两千多人。正式定位胡风集团分子的七十八人。其中给予撤销职务、劳动教养、下放劳动处理的六十一人"（见李辉《胡风集团冤案始末》，湖北人民出版社二〇〇三年版），其中浙江省受"胡风案"牵连的有二百四十二人（见《王芳回忆录》，浙江人民出版社二〇〇六年版）。然而，两者命运却各不相同："胡风分子"虽历尽磨难，但毕竟于"文革"后的一九八〇年得到平反，"胡风案"也成为一九四九年后大陆文坛第一大冤案；而"托派分子"虽最终得到释放，但都没有经过审判，至今也未获平反。像曾猛最后的命运却是：在三年自然灾害期间的一九六〇年的某一天，患水肿病去世；到一九六一年，曾猛的家属才接到通知，说曾猛已死，嘱领遗物；“从一九五〇年到一九六〇年，他被关了十年，至死没有判决”（见王国龙《曾猛其人》，《瓯风》第六集别册）。

至于曾猛最后关押的“乌龙巷”，从百度地图上看，“小车桥”至“乌龙巷”车程距离大致十分钟。据《近代浙江监狱历史研究》（浙江人民出版社二〇一五年版）记载：一九四九年后，浙江第一监狱先后改称杭州市人民法院改造所、杭州监狱、杭州市监狱、浙江省第二监狱、杭州市看守所，隶属杭州市公安局管理，狱址一直在小车桥一号。而“乌龙巷”其实是一座由民居改造的临时看守所，隶属浙江省公安厅管理，存在时间大致在一九四九年后至二十世纪七十年代末，其所址位于今杭州市上城区小营街道紫金社区乌龙巷八号。一九五五年，曾任国民政府立法院立法委员的毛翼虎被关押于此，据其回忆录《梦幻尘影录》（宁波出版社一九九七年版）记载：乌龙巷看守所是前后两幢平房、当中一个天井的大合院，后面一幢是犯人的卧室，前面一幢则是工作的场所；这里的劳动，除搞搞清洁卫生外，主要是写检举材料，或编资料，还有政治学习；整个生活就像“上课”，白天有课间操，夜里有时安排唱歌活动。同时，他也明确记载着：“这里的犯人都是高级知识分子，有个别还是共产党初创时期的骨干，如曾任陈独秀秘书的曾猛，就是其中之一。”

石头岁月里走出傅国涌

闻　中

能够读到傅国涌老师的《开门见山——故乡雁荡杂忆》一书，我显然是幸运的。

这种幸运，不仅仅是因为我与傅国涌同属一乡的人，说着一乡带有浓厚方言音的普通话，而且童年时也是看着相似的山，目睹山上相似的白云在风中飘动而人也慢慢长大；当然，还有同样的日月星辰，相似的人文习俗，等等。故而我们皆有一种乡野纯然的类似气息，同时也身怀一个试图高飞的梦。只是傅国涌除了看见雄奇的雁荡山山峦之外，他还靠近了大海，激昂而深沉；而我呢，却时常会在一条具有神话般清澈的楠溪之溪水中寻觅着一个精神的家，一边踟蹰徘徊，一边于人世行走。

傅国涌长我年岁不多，但早就名闻遐迩，在乡人的眼里，他为众人成就了一个远方的传奇。人们回望历史，看到过往时空里面那些重要的英豪在叱咤风云之际，常常是不知道他们究竟是如何成长的，不知道曾经走过的那不为人知的夜路，一些独知的秘密岁月。譬如，中国的文化里面，最重要的人物显然是孔子。春秋之时，周衰道微，民生凋敝，孔子独突破屯艰而兴起，昭示群伦，垂范后世。按民初章太炎先生所云：“孔子于中国，为保民开化之宗……门人余裔，起而干摩，与执政争明。哲人既萎，曾未百年，六国兴而世卿废。民苟怀术，皆有卿相之资。由是，阶级荡平，寒素上遂，至于今不废。”（《太炎文录初编》卷二“驳建立孔教议”）而这一切，皆由孔子倡导与实践教育的普遍化之路径来完成，就是这样一位轴心思想家一举改变了中国的命运。而其自身的成长，对自己的年轻弟子却是一个由岁月收藏的秘密。故而当他出现在文化时空里面的时候，他们就会觉得自己的老师是一个天才，属天纵之圣。

当年，太宰跟子贡有一个对话，太宰发了疑问：“夫子圣者与！何其多能也？”子贡回答：“固天纵之将圣，又多能也。”这一段话讲完以后，孔子就亲自告诉子贡说：“不是的，孩子，你们并不知道我的成长岁月，你们不知道我曾经是多少的低卑、多少的贫贱，那样的一段岁月，你们其实是看不见的！”（“太宰知我乎？吾少也贱，故多能鄙事。”——《论语·子罕篇》）

孔子的这一番话语甚为恳切。其实，再了不起的人，也都是由平常岁月喂养出来的，而傅国涌也何尝不是如此呢。今天，借由他的这本《开门见山》，傅国涌将这一切成长的秘密一并叙述了出来，以恳切而坦诚的方式，以深情而激昂的笔调……那些石头、流水，那些食物与书籍，还有那些生命的寂寞，也都是我们所熟悉而常常遇见的。人们会发现，他们之所以最后会与众不同，是因为这样的人，其成长中皆会有一种命运的不甘，于是构成了一条充满精神意味的成长线索，这条线索往往喻示着现实之维与理想之维的互相角力、彼此冲撞而开辟出一条条人生的新路径来，从而越走越高，最后，通往一些更大而奇妙的世界，进而成就一个人别有意味的人生故事。

这样的人，大都秉持类似的一些信念。譬如，在《开门见山》里面中如是说：“在一个地方坐久了，就是坟墓。”所以，其人生是恒然地处在进行时态当中。而且，他们还有彼此激励的同道，这些同道，不仅仅是同时代的，也还有无数故往的，互相一起，构成了一个面容相似的精神谱系。譬如，书中写到那位一心书写精神界英雄的法国大作家罗曼·罗兰的一句话，进而这一句话就落到了一位时代的同道张铭那充满朝气的诗句中，云：

选择的自由早已证明了命运的谎言
“只要有一双忠诚的眼睛有和我们一同哭泣”
那么，还有什么东西可以斩断我们走向光明的前途。

他们也抄写过这样一些被这个谱系流传的话语：

> 勇敢是人的责任，是一种无穷尽的责任。直到今天，也是如此。勇敢仍然是重要的，一个人的首要责任仍然是克服恐惧。我们必须摆脱恐惧，否则一事无成。……

最近，我与一位早年毕业于北大的前辈张曼菱老师交换过一些意见，她是研究《红楼梦》的，她说，自己甚是喜欢傅国涌的笔调与激情，也喜欢这种生命的坦诚与勇敢，“不过，你不要忘了，”她提醒我说，“这本《开门见山》其实也是一部现代意义的石头记，傅国涌就是大荒山中的一块石头，而滕万林与吴式南，不就是雕琢它的那一僧一道吗……”

一次，我们在杭州浣纱路的吾南书坊，傅国涌与众人也谈到过这一点，彼时，他如此说来：“每一个人都是石头，同时，每一个人又都是一块美玉！……”但是，这话我们是需要分析的。石头和美玉确实是同一件物事：玉是石头，石头也是玉；但同时，彼此又不是。所以，石头究竟能不能呈现为玉之美质，这是需要一些追问的。譬如，岁月的锤炼，内心的期许，譬如，长时间的酝酿、寻觅与积蓄，最后，它慢慢发光了，有温度了，有了滋润人类生命的品质了，等等。在这样的一种岁月的流逝里面，能不能沉淀出这样一类的品质，这不见得就是确定的。所以，张曼菱老师说到的一僧一道，还有傅国涌倾心相交的那些古今的同道与友者，都特别重要，因为，只有这样，就像鸟儿长出了翅膀，植物开出了花一样，那一个大山里的孩子才有望成为现在的傅国涌。

在读《开门见山》的时候，最令我感动的，是看到他在少年时候开启出来的求知欲，那么疯狂，那么不顾一切，带着生命全部的热忱，寻觅他所要寻觅的知识，而正是那些闪耀着文明世界之光华的知识，后来重组了他的生命结构。这里面有一份特别的敏感，关乎灵魂深处。后来，傅国涌把它表达为“坐山观天”与“坐天观山”的双重维度，甚至还原为此岸与彼岸的人性张力，这就需要一种非常重要的人生的主动性参与到自己的生命中来，否则，专制的命运之门是打不开的，后面的那些人生之可能性，即“石头是玉”的可能性，就会湮灭在“玉也是石头”的现实性当中，终究会在时间的永恒与沉默中湮灭。

固然，山川湖泊是天地之大美也，但山川湖泊也常常是人生的牢狱，无数的人永远被关闭在一座山一面湖的角落里面，走不出他主动性的命运来，而傅国涌不同。

所以，我们在《开门见山》一书中，可以看到傅国涌就是一位十足的富有命运创造力的生命的诗人，充满热情，生气勃勃，他对世界有着深情，父母亲情，同道贤友，甚至对一草一木，皆然；而于精神性的事物又极为敏感、善察其意。偏偏他又有着可喜的历史学家的博识与大心胸，故而对一切人事与书籍中的世界，有着常人不具备的记忆力与细腻，书中经常会有一些神来之笔，倏忽间，就把不同的时段与不同的人物联系了起来，呈现出一个古今共在的命运画面，引人遐想，启人灵思。

正是这种秉性的真醇自然，对生命的真挚与恳切，还有与命运相互角力时的那份不甘，故而叫人一旦读了进去，就颇感甘洌而精醇，加之用情之深，抒写出来的存在，特别温暖，而抒写出来的不在，又使得人们深深地叹惋！但是，这些都不妨碍那一个年代的真实、人的真实，他们既有手上的青春，又有远方的梦想，真是意气而风发，人生的道路，亦是一径地峰回而路转着！

至于道路最终指向了哪里，我们在阅读傅国涌的《开门见山》时，还是会想起“故乡”这个命题的深邃性来，毕竟，人于大地上行走，无论低头仰头，皆是需要一些寻觅的，而“故乡何在”也是书中隐隐透露出来的生命自省。有身体的故乡，可以安顿此世，有心灵的故乡，可以安顿历史与文化的寻觅，而我们所需要的，显然还不仅仅是肉身的归宿或家园，也不只是精神性的、文化性的；若要一再往深处追问，那直接就是存在性的了。按照中国先秦的道家哲人庄子的意思，藏舟于壑，藏山于泽，远不如“藏天下于天下”的自在与廓然。如果家园是存在性的，那么，人生道路虽是漫长，高低起伏，人世虽有厄难，毕竟皆以贞固而得度，是无妨碍的，于是，世界就成了一副风景，我们既可以穿过群花的开放，也可以穿过群花的凋零，因为我们就是在这同一条生命的道上行走着。而这个道却是永恒的，是无穷无尽的存在与真理本身。这个生命，也就是我们穿越各个世界的真生命，它可以启程，启向远方，它也可以回归，归入故乡；而无论是远方，还是故乡，都是存在界的家，关键是我们生命自身的深度，是我们自身于人世之伟岸的行动。

还是古人说得好，“远山远，云山乱，晓山青”。三年前，正好是钱塘江的大潮上涌之际，我参与并见证了作为当代历史学者傅国涌的一番入世行动，他说，与晚清的王国维先生不同，自己乃是“五十之年，只欠一生”，故而复为童子之师。于是，他的“国语书塾”诞生了，我看到了“冠者五六人，童子六七人，浴乎沂，风乎舞雩，咏而归”的感人一幕，徐徐展开。

于此一价值观相对迷乱，甚而习非成是的时代气候之下，所幸有傅国涌这样的知识人带着童子们于母语中采集美善、播种美善，借此克服了时代的混沌。这比尼采所说的“在自己身上克服或战胜时代”要可靠很多，信心也更大。毕竟，此路最是实在、最为妥帖。以时间中的行动，越过时代的障碍，播种于超现在的未来际，以此扶持了美善之正道，如孔子的列国回归，孜孜于教育之实践，其精神衣钵传递之间，熠熠而发光，与一代又一代童子为伍，延至战国，才有文明轴心期之全面突破。孔子曾有一言：“天下有道，则行有枝叶；天下无道，则辞有枝叶。”这就是行动的力量，是人类自身的创造性劳动，一并塑造了世界。

故此，翻读《开门见山》，叫人唏嘘，也令人感慨。毕竟，今天的傅国涌，他就是昨天的傅国涌，确实是从昔日的雁荡少年，从山中的石头岁月里面走了出来的，一点也不虚妄，因为此书就是一个老大的证据；但是，他显然又不再只是那一个傅国涌了，因石头与美玉——前者的荒凉与冷硬，后者的温润与光辉，有了一番切实的分际。同样，未来际的傅国涌，也必定既是由今天的傅国涌来成全，也应当会不同于今日、不同于以往，也许，那也是我们作为傅国涌的景仰者们所期待的、所企慕的。

一帆斋：“潮平两岸阔，风正一帆悬”

绿　茶

不久前和一位朋友聊天，他正就读于中国人民大学研究生班，说有一位诸葛忆兵教授，讲宋代词学非常好。我说，那是我老乡啊！几天后，就有机会造访诸葛忆兵教授书房“一帆斋”。

走进诸葛教授家，听到久违的乡音，虽然我们是用普通话交流，但温州人讲普通话，一听就是这个味儿。没有客套，诸葛教授直接带我进入他的书房。一间很朴素的书房，窗户边一张工作桌，一台电脑，桌子上散落着几本最近正在研究的关于宋代科举的专业书籍。另外三面墙是顶天立地的书架。

书架上整齐插放着不同时期收录的书籍，有些泛黄，有着几十年光阴的故事。一眼扫过，以中国古典文学为主，唐诗宋词金元曲，以及品类众多的集部著作。《全唐诗》《全宋诗》《全宋词》《鲁迅全集》等等，一字排开。另一面墙则偏向中国历史，尤其是宋代历史，以及科举史方面书籍，当然，还有全套二十四史，《全宋笔记》《续资治通鉴长

诸葛忆兵在书房。

编》《宋会要》等。

还有整整一个专架存放诸葛教授自己的著作，文学研究方面，从第一本《徽宗词坛研究》开始，《唐诗解读》《宋词解读》《宋词入门》《李清照》《多维视野下的宋代文学》等；宋代历史方面，则有博士后时期的《宋代宰辅制度研究》及之后的《范仲淹研究》，五卷本《宋代科举资料长编》等。总计几十本之多。

还有一面背身的书墙，则多为更早期的书。比如，他当年大学毕业在平阳一中教书时，花半个月工资买的一套《全宋词》，还有“文革”时期的历史启蒙读物，范文澜的《中国通史简编》《中国近代史》等。

而家里客厅、卧室等其他房间，也都是满墙的书架。卧室里的书相对比较休闲一些，有全套金庸全集和其他武侠小说，还有很多经典的外国文学名著，包括《巴尔扎克全集》《莎士比亚全集》等，还有一些跟研究相关的，如西方心理学著作等。

对于像诸葛教授这样中小学是在“文革”时期度过者，在他们考上大学后，那种如饥似渴的阅读期，现在听来有点疯狂，那时候他们见着书就读，就背。恨不得从远古背到现代，连字典、试卷都背下来。再看今天的阅读世界，书籍出版是越来越多，但真正读书的人越来越少，从国家到地方，各地都举办各类阅读推广活动，提倡人们读书，读书变成求爷爷告奶奶的事。

“潮平两岸阔，风正一帆悬”是诸葛教授借以自勉的诗句，也是他书房“一帆斋”的出处。对做学问也好，阅读也罢，都应该秉持这样一种态度，一种对于自我修养的注重，而不应该抱有太功利的目的，对我有用才读。读无用之书，正如行船于潮平的河道上，懂得欣赏两岸开阔的风景。

绿茶：您的阅读启蒙大概从什么时候开始?

诸葛忆兵：我一九六六年开始读小学，到小学毕业时，“文革”最疯狂的时候已经过去。印象很深的是，小学二年级开始读长篇小说，第一部读的长篇小说是金敬迈的《欧阳海之歌》。当时在温州城南小学读书，到三四年级时，因为我喜欢读书，做了班级的图书管理员。我们班有两个图书管理员，每学期从学校拿八十本书，一人四十本，同学们到我们俩这里借书。然后，我们两个管理员再互相交换书。那段时间对我的阅读启蒙非常重要，读了非常多的书。后来，不知道从哪里搞到一个温州图书馆的借书证，就可以到温图借书看了，当时最大的梦想是长大以后可以到温州图书馆做图书管理员。

那时候，“小说”等于“毒草”，像《红日》这样的革命小说都属于“毒草”，所以，读书都是偷偷的。唯有鲁迅和范文澜的书是可以光明正大读的。所以，范文澜的那套《中国通史简编》《中国近代史》被我当小说一样反复读，也因此培养了我对历史的喜爱。再就是鲁迅，我因此认为鲁迅是我思想启蒙的第一人。

绿茶：这么说来还挺幸运的，“文革”没有阻断你的阅读。

诸葛忆兵：“文革”期间无书可读，我的阅读只是比同龄人稍多，仍然处于“半文盲”状态。七七年恢复高考前，突然有一天读到李白的《将进酒》，太震惊了，怎么会有这么雄美壮伟的诗歌，写得那么好。当时并不知道李白是谁，现在是很难想象的。那时候，那么爱读书的我，也从来没听说过李白、杜甫这些人的名字，更不知道苏轼、欧阳修等。

我高中只读了一个学期就被家里停了。等到恢复高考时，我只好从头学起，那时候也没有老师，没有培训班，全靠自学。打工的时候，托人从上海买回来一套《数理化自学丛书》，后来，高考的时候，这套书派上大用场了，得以考入温州师范专科学校。我数理化特别好，基本上数理化的东西一看就懂，刚上大学时，我常常跑到数学系去听课，极想转到数学系去。

绿茶：你们这一代，真正的阅读应该都是从进入大学开始的吧！

诸葛忆兵：是啊，太兴奋啦！每天五点起床，一直到熄灯，都在阅读、阅读，再阅读，大学图书馆里，各种经典的书籍基本上都有，尤其国外的经典小说。我读书速度非常快，一天可以读三本长篇小说。上午、下午、晚上各读一部。那些年，对读书的渴求近乎疯狂。什么都读，什么都背，甚至连字典都背，把能读到的书都背下来了，从《诗经》一路背到现当代散文。

这样的背诵训练收获特别大，比如有一门“中国通史”课，期末老师布置了九十三道大的问答题，上下五千年都包括其中。我们根据课堂笔记和参考书，把这些问题整理成十万字的答案，然后一字不漏地背下来。当时的刻苦精神，现在想来真是不可思议。

绿茶：你曾经在平阳一中执教，后来读研、读博，这段人生路径是怎么走出来的？

诸葛忆兵：我们师专同学中，有四个温州户口的毕业生分配到下面县城，我们几个家里都没什么背景。我是分配到平阳一中，张智勇和严正分在瑞安中学，叶正猛到永嘉县里做秘书。我们四个人觉得如果不考研出去，人生就这么停顿了。于是，我们发起了“三方四国会议”，制订了严密的考研计划，叶正猛制作了表格，包括：一个月的学习计划，上个月的学习总结，甚至包括每天的时间安排等。四个人每月互寄表格，相互鼓励和监督。在平中教书时，走路都是跑着的，利用一切能利用的时间学习和读书。

但是，平中的阅读条件有限，很多想读的书读不到。当时平中图书馆在历经“文革”浩劫残留下来一些民国版“万有文库”，真是如获至宝，像《杜诗详注》等就是那时候读的。假期自己跑到杭州，每天蹲点省图书

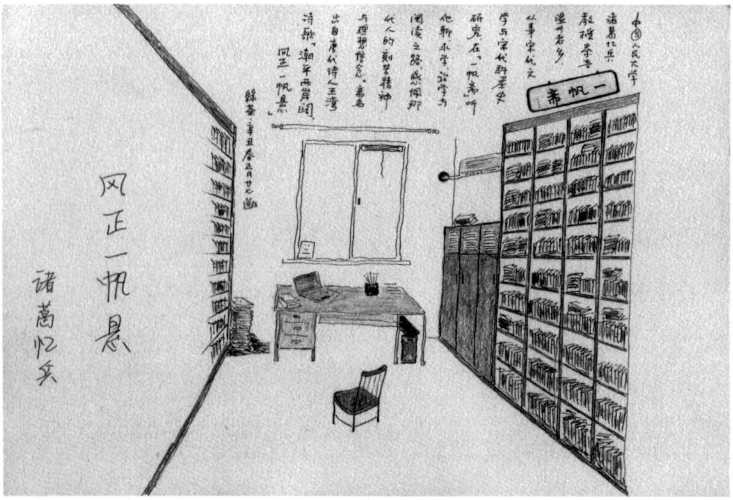

一帆斋　绿茶绘

馆饱览中国古代经典。唯一一次豪举是花了半个月工资，以十八元买了一套中华书局版《全宋词》，这套书现在还在我的书架上，常常使用。

现在想来，后来如愿考上研究生，再读博，进入博士后流动站，乃至现在中国人民大学任教，一路走来，有很多偶然因素促成，但真正引领我人生路径的唯有不懈的阅读。

绿茶：你是从什么时候开始锁定宋代这个断代的研究？

诸葛忆兵：还是得从考研说起。那时候就觉得考古典文学是正宗。从作品阅读来说，唐诗宋词读得最多，比较而言，我更喜欢宋词的抑扬顿挫，就疯狂地背。从《诗经》一路背下来，发现自己最喜欢宋词，就选了宋词作为自己的考研方向。

当年在平一中时，我和王振忠、郑进荣、徐显光、张登枢、吴春震等几位老师组织了“读诗会”，每两周聚一次。当时，我还写了一篇文章，研究《花间集》中的一个作者毛文锡，寄给要考研的硕士导师陶尔夫先生，他就看上了并且认为文章可以发表。后来，我顺利成为陶尔夫先生的硕士研究生，在陶老师指导下，改成发表，这是我发表的第一篇学术论文，就是在平中时考研期间完成的。

绿茶：我发现您早期主要从事宋代文学研究，近些年更偏重宋代历史研究，文学与历史，您是如何权衡和结合的？

诸葛忆兵：文学和历史，在我的学习与研究过程中一直是并驾齐驱的。上大学时海量阅读文学书，专科、硕士、博士，都是中文系。但早年受到范文澜著作的影响，也一直没有放下历史的学习和研究，所以，博士后在北师大流动站，做的就是“宋代宰辅制度研究”，这是我的第一部历史著作。

文学与历史这两个学科，有着密切的联系。比如，我的博士论文做的是“徽宗词坛研究”，这里就涉及徽宗年间成立的重要机构——大晟乐府，这完全是一个制度史的问题。大晟乐府里这些官员是干吗的？周邦彦做过大晟乐府的提举官，以往认为大晟乐府的词和音乐创作，都是他领导干的事情，我曾经写过一篇《周邦彦提举大晟府考》，发表在《文学遗产》杂志上。所以，这种研究，既是文学的也是历史的。

我在宋代文学方面的著作比较多，第一本是《徽宗词坛研究》，这是我的硕士、博士论文修改而来。之后，出版了《李清照》《宋代科举制度与文学演变》《宋词入门》《多维视野下的宋代文学》等一系列宋代文学研究著作。宋代历史方面，除了博士后时期的《宋代宰辅制度研究》，第二本就是《范仲淹研究》，再就是五卷本《宋代科举资料长编》。下一本书在写《宋代科举制度史》，已经写完南宋高宗部分。

绿茶：您对宋代有什么样的总体评价？

诸葛忆兵：宋代是帝制时代的转型期，转型到文官主政，这一转型主要由科举带来的。宋代是科举完全成熟的时期，宋代科举是非常严格的，保证一切以卷面文章为录取标准，没有了宋以前的世袭、门阀等情况，保证了仕途的公正性。宋代科举让大量的中下层知识分子得以崛起，真正的人才得以选拔出来了。宋代重文轻武，以文治天下，是科举制度完备带来的成果。所以，我这些年主要研究宋代科举，就是想通过科举来探讨宋代之所以为中国历史高峰之一的真正缘由。

绿茶：您书房现在的规模是怎么成长起来的？

诸葛忆兵：以前工资低，买书很困难。目前书房的书都是到北京以后才买的。那时候，主要是去书店淘书，主要去风入松书店、国林风书店、万圣书园、北师大对面的盛世情（不久前，盛世情在经营二十多年后闭店），还有北大校内的野草书店等。还经常去中华书局自营的书店买书，还有几个图书批发中心，比如丰台的西南物流中心，那里书打折很厉害。但这些年有点懒了，发现想买的书，就让学生帮着网购了。

绿茶：最后，能请您推荐一些书房中对您有特殊意义或影响深刻的书吗？

诸葛忆兵：除了刚才提到的鲁迅、范文澜的书和《全宋词》，在学术史上对我影响大的，首先是我导师陶尔夫的著作，但他的作品不太多，如《宋词百首译释》《北宋词坛》等。我是陶尔夫先生的第一个研究生，那时候一对一辅导，每次见面都把下一周要读的书目确定好，先写出读书笔记，然后导师点评，他说你将来第一个学术基石就是这些读书笔记。

另一个是叶嘉莹先生，她的著作对开阔视野帮助很大，能够把理论的书写得可读性很强。在温师时读到叶先生写吴文英的《拆碎七宝楼台》，就深深被叶先生的学问吸引了。这么多年，凡叶先生的书，一本一本读，还有全套的《迦陵文集》等。

对宋代历史研究，用最多的是《续资治通鉴长编》，这是一部比较原生态的呈现北宋社会风貌的历史著作，因为是编年体，通读它，整体的历史感会比较清晰。而《宋史》是纪传体，这是《史记》奠定下来的传统，这两种写史题材用处不同，对我而言，“长编”使用率更高。而《建炎以来系年要录》仅限高宗朝，时间太短。还有历代纪事本末，也需要用到。还有《宋会要》也是很常用的，属于政府官方史料汇编。另外，还有通读所有的宋代墓志铭。

文学即人学。对我文学研究思路影响比较大的，还有西方的心理学著作，像阿德勒的《超越自卑》，马斯洛的《人的潜能和价值》《动机与人格》等。“人同此心，心同此理”。西方很多心理学权威著作，对人格心理的分析完全可以运用到中国文人的心理活动研究中来，我写的晏几道论文，其中就引用了很多西方心理学的成果。

此外，金庸小说对我影响也很大。金庸对历史是有真正独立思考的，他对帝制的批判力度很让人反思，对民族之间的关系也有很清晰的立场。比如《天龙八部》里，宋人叫契丹为“辽狗”，契丹人则反过来叫宋人为“宋猪”。其中，乔峰到萧峰，冲破了狭隘的民族观念，把这个问题揭露得很透彻。金庸作品中对历史的穿透力是很让我佩服的。

北宋人对辽是很复杂的心理。一，辽是边缘小国，瞧不起；二，辽国比宋强大，惧怕它。苏辙使辽，一方面感到恐惧，另一方面又觉得委屈。真正到了辽国，发现人家对他很好，那里的官员水平也不错，想法就慢慢改变了。苏辙一共写了二十八首使辽诗，前后的态度改变，就有点像乔峰到萧峰的改变。

绿茶：你的书房叫“一帆斋”，这个斋号典出何处？

诸葛忆兵：“潮平两岸阔，风正一帆悬。”这是唐代诗人王湾诗中的两句，我用来自勉。做学问就是要秉持这种态度，要正派。

衣冠香火：温州南氏家族简史

南　航 撰写

前言

“衣冠南渡三千里；香火东传八百年。”这是笔者作为裔孙，概括温州南氏历史的联语。

在温州，如果碰到姓南的当地人，只要回溯三代以上，他们基本源自乐清南宅。南宅，顾名思义是个以南氏家族住宅命名的地方，也是闻名海内外的南怀瑾的故乡。

但在南怀瑾那袭蓝色长衫背后，温州南氏家族的文化香火已经传承了八百多年，才人屡出。南氏，因而成为乐清望族之一；南宅，因此被当代《浙江通志》《浙江省名村志》皆列为“浙江名村”。

自南宋初年迁徙以来，南氏家族就注重宗谱纂修，记录下家族历史，迄今至少重修十六次，现知最早一次修谱在元朝晚期，现存最早宗谱为清光绪十二年（一八八六）山东益友堂刊本《墩头南氏宗谱》，已残缺不全，续之为民国十七年（一九二八）版《南阳南氏宗谱》、民国三十八年（一九四九）版《南宅南氏宗谱》（南怀瑾倡议并担任董事，其父南仰周为首事）等，一九八一年版《汝南南氏宗谱》、二〇〇〇年版《汝南南氏宗谱》，以及即将印行的二〇二一年版《南氏宗谱》。

本文以历代南氏宗谱、田野调查、温州府志、乐清县志以及其他文献古籍为依据，按时间顺序，概要叙述南氏家族的迁徙、繁衍、科举、名人、遗迹、文化等方面史实，按照传统史书方志“生不立传”的原则，为已故重要人物立专传，以生卒年为序，集纳前后相关人物事迹。

由于民间宗谱有造假攀附现象，本文所述事实在孤证情况下，不敢保证绝对真实。

南巘：北宋进士始迁祖

据清光绪版南氏宗谱记载，温州南氏家族始迁祖为南巘，其上辈失载，据说为西周宣王时大将南仲后裔，另据宗谱载南氏二十二世孙女婿、清乐清贡生郑锡庆《式难千古碑》“南八霁云公与雷万春将军同死社稷，迄今分享武林庙，称二圣，诚哉圣乎，而神兄弟复以苗裔，为瓯郡社主”，则又传为唐朝名将南霁云后裔。

南巘生卒年不详，享寿六十三岁，谱名智巘，字文陟，古人名与字往往相关，此出自《诗经·大雅·公刘》“陟则在巘，复降在原”，号静斋，世居河南洛阳，登北宋宣和年间进士第，官任江苏徐州签判，全称“签书判官厅公事”，辅助知州知府处理政务，总理诸案文移，通常以京官以上充任。

据南宋郑樵《通志·氏族略》关于南氏的记载，“宋朝南楚、南翥，登进士第，望出汝南；宣和有南得臣，燕人，望出汝南”，汝南即汝南郡，为西汉设立，得名来自地处汝河之南，辖境为今河南、安徽部分地区，南巘应该与南楚、南翥、南得臣为同代同宗同族人，温州南氏也以汝南为郡望。

北宋末年，因金兵侵入中原，都城东京开封府（今河南开封）陷落，徽、钦二帝被俘，史称“靖康之难”。靖康二年（一一二七），北宋灭亡，康王赵构即位南京应天府（今河南商丘），后称南宋宋高宗。面对天地倾覆，南巘忠心不改，“公贤劳王事，尽瘁斡旋”。

南宋建炎三年（一一二九），金兵继续南侵，宋室衣冠南渡，宋高宗一路惶惶逃避至临安府（今浙江杭州），南巘扈从，但临安只是“临”时“安”定，君臣们又逃往越州（今浙江绍兴）、明州（今浙江宁波），辗转从昌国县（今为浙江舟山定海县）下海，经过台州，沿海南下。

建炎四年（一一三〇），赵构避难至温州，众多北方官宦士族跟随而来，由此陆续迁徙定居，掀起了东晋南渡、唐末动乱之后的温州又一波移民高潮，仅仅宗室子弟就有太宗（赵匡胤）派、太祖（赵匡义）派、魏王（赵匡美）派的三支赵氏徙居乐清，而其他姓氏中则有南氏南巘，“公携家追随，不避艰辛”。

当年正月，南巘坐船至温州乐清琯头，苦于官卑、年老、家累，当看见瓯江边的茗屿乡重石村（今属乐清市磐石镇）“山水佳丽”，南朝宋中国山水诗鼻祖谢灵运曾游览这一带题诗，便悠然心慕，告老归隐该村，被敕封为“卫驾功臣”。据其后裔、著名地质学家南延宗在《调查者的旨趣和心情》里记述，当时宰相李纲亲自赠送此四字匾给南巘，金字，颜真卿体，到民国时期还珍藏在南氏宗祠里，漆多剥落。

南巘后葬于重石村。二〇〇一年，年久埋没的南巘墓重新出土，坐西朝东，扶椅式，青石结构，现为乐清市文保单位。

一九九九年，为重修南氏宗祠，应家父嘱托，南怀瑾题联寄来“百代渊源，河洛东南留一脉；千秋忠义，神灵海上有孤臣”，捐助两千元港币，上联即指温州南氏是从中华文明的发源地、北方的河洛迁徙到东南的温州，套用成语，可谓“北”辕“南”辙，下联则指五世南增顺、南敬顺两兄弟（见下文）。

南巘生二子，长子南星祥，字招奎，无后裔，享年四十三岁；次子南星瑞，字焕奎，行仁二，享寿七十三岁。南宋绍兴末年（一一六二），南星瑞把家从重石再搬到黄华的海滨定居，即瓯江之北，长林之左，岐山之阴，地名墩头，看中此处“山明水秀，俗厚风淳”，因姓以名其里，称为南阳（水北为阳），子孙繁衍，耕读传家，兼从事晒盐业、打鱼业等，住宅连绵扩大，渐成村落，形成墩头村、殿后村，明清属于长安乡六都二图。

大约晚清民国时期，因为是南氏族人住宅区，此地统称为南宅，当代则扩大为四个行政村：殿后村、三宅村、华东村、南盐村。殿后村因为位于南氏宗祠（太祖殿）之后而得名。三宅为南氏三房族人住宅而得名。华东因为地处黄华镇东部而得名。南盐因为一九六一年从南宅、三宅中分出盐业大队而得名。据当代《黄华镇志》载一九八七年十二月黄华镇人口统计，南氏共计九〇九户，基本上聚居在上述四村。二〇二〇年，南盐、三宅村被合并改称南宅村。

而考察村史，如果南宅是一座南氏“大宅”，面积最小的殿后，却是这座大宅的中堂，因为代表性的人物与古迹大都出于此。

南遇福：白石大会市起源人

孟母三迁，择善而邻；洛阳、磐石、黄华，南氏三迁，从南宅开始，从南宋开始，绵延起八百多年的血脉，一路铿锵把历史踩出深深浅浅的脚印。

南星瑞单传一子南国纪，字惟正，行圣一。南国纪育二子，长南复源，字孟蓄，行伯一；次南复至，字孟阳，行伯二，在他之前，一世至三世行第辈分字为“智、仁、圣”，为了明伦有序，南复至将自身以下二十世行第编为二十字，即“伯端肃恭谦，宽正礼义传，忠贤仁德重，福寿永安延”。

至第五世人丁兴旺，共有十一子。其中七子为南复至所生，宗谱上事迹较详者为南龙喜、南文喜、南增顺、南敬道、南敬顺。

南龙喜（一二四二—一三一八），字公雨，行端五，号浦云，天统派祖，任南宋末年乐清长林盐场管勾，以才干有为，改任进义校尉，负责海防安全，多次建功，元代升千户（千夫长），参修南氏宗谱，其长子南景淳为元代奉化县学正，次子南景元（一二七八—一三一七）为元代“太平丹阳书院山长”（疑为太平府，今当涂县）。

南文喜，字公著，行端七，号斗山，地统派祖，受其兄龙喜推荐，亦续任长林盐场管勾，后皈依佛教，当时乐清琯头渡（横春渡）经常风涛大作，乡人“屡遭覆舟之祸”，元世祖至元壬辰年（一二九二），他出资在琯头江（瓯江琯头段）边建一座三层石佛塔以厌（镇服、压制）之。

南增顺、南敬顺，行端八、端十，双双早亡。宗谱《五世增顺敬顺二公合传》记载，南宅附近海面多风浪，过往船只经常覆没，一日宋廷运粮船队从福建路过此处，因风急浪大面临船毁人亡危险，他们及时显灵，英勇挽救了运粮船，因为有功，被敕封“横塘福佑将军”，在温州建神庙祭祀。这种死后显灵有民间传说的演义成分。

南宅殿后南氏宗祠里现藏一方清道光十五年（一八三五）文物《式难千古碑》，又名《宋敕封五世祖端八端十二公横塘福佑将军碑记》，郑锡庆撰，详细记载两人“捐躯捍难”的事迹。“弍难”即“二难”，典出《世说新语》：“陈元方子长文，有英才，与季方子孝先，各论其父功德，争之不能决。咨于太丘，太丘曰：‘元方难为兄，季方难为弟。’”这成为后来成语“难兄难弟”的来历，“二难”因此指兄弟皆佳。

南敬道，字公信，行端九，号山云，人统派祖，元代永嘉盐场副管勾，后辞官归里，富而好礼，“凡名公巨士，经其里，必造门拜谒”，乐善好施，在家乡捐资建有山云桥，架以三间石板，长三丈余，因其号而名，还重建柳市狮子山北井虹寺（政洪寺），并施舍四十余亩地为寺产。

井虹寺乃千年古刹，据现存最早的乐清县志——明永乐《乐清县志》卷五《寺院》记载，五代十国后梁末帝朱瑱贞明五年（九一九）赐额为“保安禅院”，北宋大中祥符年间赐额为政洪院；据清光绪《乐清县志》，北宋元丰七年建有释迦牟尼佛经幢；据清乐清恩贡生、梅溪书院主讲林启亨《乐清新志后议》，南宋时叫接待寺。南宋末年乐清籍参知政事刘黻有诗《登斗山接待寺》曰：“塔影寒流上，渔帆落照间。”

清代该寺香火鼎盛，光绪七年（一八八一）僧端亮重建，一度有西域僧人来住锡，清乐清诗人翁效曾有诗《政洪寺赠西域和尚》咏之，据族人南伟然《南族与政洪寺》，清季设有书院，乐清举人黄鼎瑞为山长，郑鞠为教授，是儒生读书所在，地方诗人郑云衢、洪邦泰、郑郁等多有诗作。民国七年（一九一八）族人南镜秋创办长岐乡第三国民学校，校址也设于此处。

因为是南氏先祖重建，又有南氏族人办学，可谓家庙，所以南怀瑾少年时寒暑假两次至此读书自修，“单身只影，静趣盎然。山长、生员，皆自不二，无师自通，每独失笑”，一九三二年写有现存最早的处女作《暑期自修于井虹寺玉溪书院早归》七绝：“西风黄叶万山秋，四顾苍茫天地悠。狮子岭头迎晓日，彩云飞过海东头。”该寺有楹联“得一日斋粮，且过一日；有几天缘分，便住几天”，南怀瑾自承终身受其影响。一九九六年清明时节，他应故乡人士重建井虹寺邀稿，撰写《重建井虹寺记》，并捐款两万美元。

狮子山又名玉溪山，因山有玉溪，旧有玉溪书院，这也是南怀瑾别名南玉溪的来历。林启亨之子、清代岁贡生林大椿有《玉溪书院题壁》二首，赞扬此山“平生剩有烟霞癖，此地宜参文字禅”。

六世中有南敬道之子南遇福（一二八〇——三四九），字天兴，号古愚，行肃七，“治居地，倾压一乡；掌田庄，遍连数邑”，朝廷缺饷求金，他纳钱万贯，授为元代福建泉州晋江县尉，后因母亲去世，丁艰回乡，目睹蒙古人统治的“天下骚动，仕途多险”，仿效始祖辞官啸吟山水间，与柳市诗人翁葵（字景阳，有《渔唱集》，其诗入选明代《东瓯诗集》、清代《元诗选》）为好友，还在白石镇篗丝潭边筑十八亭台与创建延福寺，获元廷赐额。其长子南广扬（一三〇七——三六七），字子明，捐官为元代永嘉县主簿；次子南广圆（一三〇八——三七四），字子中，元代浙江行省郎中。

南遇福在至正九年（一三四九）三月十八日去世，葬在白石延福寺旁的小田岙山（今乐清白石街道大猫垟工业区内）。当地每年三月原有陈姓后人零星上坟，但他去世之后，每年三月初十左右，南氏子孙备办丰盛祭品，船载肩挑，水程山路，从东海之滨吹吹打打到相距三十余里的墓地，锣鼓喧天举行祭坟典礼，轰动乡野，此习俗一直延续至今。

三月正值清明春耕，村民见其众，趁机拿出农具家具与山货海货交易。年复一年，上坟队伍壮大，商品日杂，外姓人不断加入，各地手工业者闻名赶来，周边乡镇几乎倾家出动，远至上海、福州、宁波的商人也以“虽千万人，吾往矣”的劲头，跋山涉水而到。扫墓祭祖的，赶集买卖的，探亲访友的，踏青玩乐的，由于白石恰好是国家5A级风景名胜区雁荡山之中雁荡山的门户，于是再加上旅游观光的，五路人马，聚集一起，摩肩接踵，人山人海，慢慢形成今天著名的白石“三月初十”大会市，浙南最大的农贸集市。清道光《乐清县志》卷三《街市》就有记载“白石市，在九都，三月初十日市”。据一九八八年不完全统计，商品成交额近千万元。而一九九七年的会市，仅仅三天就会集了四十多万人。

白石会市的起因，现在说法有三：起源于白石陈姓，起源于南宅南姓，起源于陈南两姓再加上其他因素。但据清代乐清儒生郑良治《百甓斋日记》光绪三十一年（一九〇五）记载：“西乡市会以三月初十为最，农家器用百物具备。初，南宅某富户以是日赴白石山祭墓，遇山客卖农器者昂其价，尽收买之，岁以为常。自是山贾利于昂价以偿也，届期多搬运农具而至，而买者渐夥，至今台、处二州皆知有此市。”则跟陈姓无关，而是从南遇福（即“南宅某富户”之祖）去世后才开始，延续六百多年。

南昱：“龙图再世”明进士

在南巘之后，南氏至明代的十世，出现了第二位进士南昱，十一世，其子南昪则为举人。

南昱（一四〇六—一四四九），谱名正昱，字时芳，号宜斋。其父南思载，两举乡饮大宾。南昱布衣时一心从儒，学识杰出，考取庠生后，至温州府学求学，与乐清同乡、日后的名臣章纶要好，同学还有日后的状元周旋，今市区周宅祠巷的命名由来人。

据明万历《温州府志》卷十二《人物志二·义行》记载：“南昱：

字时芳，乐清人，性嗜学，郡守何文渊慎选郡掾，昱在选中，不悦，曰：‘吾方与圣贤对，安能为吏？’上书自陈，极言儒吏之辨。何公心奇之，竟以昱主库籍，读书不辍，后登正统壬戌进士，除大理左寺副，所著有《宜斋稿》《老莱子孝行》等书。”

明宣德五年（一四三〇），何文渊任温州知府，次年得知南昱的学识，选拔他为府吏。虽受知遇之恩，但南昱志向高远，一心攻读儒家圣贤之书，不愿为吏，上书陈述儒与吏的区别，坦白想做庠生，继续参加科举。府学教授、《永乐大典》副总裁潘畿也为他请求。爱才的何文渊却不答应，因为要把南昱留作亲近，为自己检拾文稿，主管官府库藏书籍，俨然机要秘书，而工作之余随时授业，亲自给他“开小灶”达四载，可谓入室弟子。

在何文渊的奖掖识拔下，南昱与章纶寒窗苦读，学业大成，以至于同时中举，成为举人，同乡、同学、同年，结下了一段“三同”之谊，章纶有《赠南宜斋同年》诗印证他们的知交：“昔年同术又同心，每爱才华出士林。云锦千章随笔阵，玑珠万斛灿胸襟。簿书已会枢机密，经学应探理趣深。他日鲲程期奋跃，九重天上盍朋簪。”

宣德十年（一四三五），何文渊升任刑部侍郎，上京赴职。正统六年（一四四一），南昱进京，被何文渊任为刑部吏，并遵其命参加秋闱，再度冲刺，继章纶正统四年（一四三九）中进士后，不负他“鲲程奋跃”的期望，果然名列前茅。高兴的何文渊深深尝到伯乐的成就感，赠以长诗《南昱京荐（有序）》，勉励他以乐清名士南宋王十朋（王状元）、元代李孝光（五峰）为榜样，“再振东瓯作东鲁”：“南生家住东海头，烟云竹树相绸缪。胸中浩气贯斗牛，笔下潇洒风雨愁。长鲸飞来伴白鸥，琪花瑶草清香浮。应知志在附鸾凤，事业岂肯卑微休。京畿开科策多士，折桂蟾宫称独步。来年三月杏花红，期宴琼林拜明主。文章旧说王状元，五峰杰作偏追古。南生努力继前修，再振东瓯作邹鲁。”

据《明史·选举志》，正统七年（一四四二），南昱殿试进士及第。另据河北雍正《故城县志》、山西民国《芮城县志》，当时有芮城县贡生南昱，正统年间任故城县知县，“后占籍不去，子孙为故城县人”，同代同名，也属趣事。

而从吏入仕，南昱等于突破明太祖朱元璋的禁令，无疑需要相当大的勇气。明茅元仪《掌记》卷五记载：“吏胥不得应试，见于洪武四年诏，而正统七年李森以都察院吏，南昱以刑部吏以后，又无矣。其立禁、开禁，复立禁之，故陆深《科场条贯》及王世贞《科试考》俱不言其详。”

由于“杂流中式”属于特例个案，南昱的科考被明代项笃寿《今献备遗》、徐学聚《国朝典汇》、涂山《明政统宗》、王圻《续文献通考》、王世贞《科试考》、陆深《科场条贯》、张弘道《明三元考》、钱棻《萧林初集》、张萱《西园闻见录》，以及清代万斯同《明史》、龙文彬《明会要》、彭孙贻《明朝纪事本末补编》、秦蕙田《五礼通考》、谈迁《国榷》、叶鈖《明纪编遗》、于敏中《日下旧闻考》、方学成《乾隆夏津县志》、蔡显《闲渔闲闲录》等文献纷纷转引论及，可谓闻名明清两代学界。

南昱入仕为南京大理寺左寺副，审理公正，判案多达一万八千一百五十条，时比包公、姬昌，被称为“龙图再世，西伯重逢”，笔者曾将南增顺、南敬顺与他的事迹合撰一联曰：“海角英雄冲白浪；草根进士赛青天。”

但因过于勤政，积劳成疾，南昱年仅四十四岁就英年早逝，留下著作有《宜斋稿》《万金录》《宜斋尺牍》《老莱子行孝辩》。另据乐清文献丛书第一辑《乐清谱牒文献选编》载其为浦边赵氏撰有《赵氏宗谱叙》，但落款为“明成化六年，岁在庚寅仲秋良辰”，成化六年为一四七〇年，时南昱早已去世，疑为托名之作或时间有误。

据一九二八年版南氏宗谱《十世昱公传》，他去世后“适遇恩例，进阶一级，加授奉政大夫、庶修尹（疑为修正庶尹）、大理寺右寺丞”。其父南思载因子亦获赠奉政大夫。南昱去世后，友好纷纷作诗相挽，国子监祭酒陈敬宗应章纶之邀，为一众挽诗写序。

《万金录》为南昱在南京为官时，写给其子南昇书信家训的结集，内容大致以朱子理学为伦理教条，谆谆教导子弟如何尊德守仁，知书达理，和睦乡里，立身成才，其名取自“诗圣”杜甫《春望》诗名句“烽火连三月，家书抵万金”。

是集历代相传，散佚颇多，至清乾隆十九年（一七五四），仅见南氏宗谱里保存后裔南嗣元节录的二十三则，一九二八年重修宗谱，后裔南侠臣再次抄录，并附跋文。一九三五年，永嘉区征辑乡先哲遗著委员会抄录为一卷，温州学者高谊书其后，赞叹“过下皋而凭吊，睹寺副之石坊，殊令人增仰止高山之感焉”，可惜漏录三则，文字多有改动增删，现存温州市图书馆。

南昱自己亦能诗，明乐清陈崇雅编纂中雁荡山《玉甑峰志》，收录他一首七律：“蹑屐闲登玉甑峰，迢迢一道与天通。望穷宇宙三千界，踏破烟霞几万重。洞府昔为王子宅，岩廊今作梵王宫。青山流水依然在，岁岁桃花只是红。”

弘治年间，文徵明之父文林任温州知府，读到南昱著作，很推崇，将其列入乐清儒学乡贤祠，受学子祭祀。清代，画家潘鼎、诗人端木国瑚写下诗文纪念，孙诒让《温州经籍志》在子部儒家类著作里收录了南昱其人其书的介绍。

南昱归葬故里，其墓今为乐清市重点文保单位，位于南宅背靠着的连绵青山（今柳市镇岐头下皋山），枕着萋萋芳草，静静安眠，共分四坛，圈椅式，条石围墙。熏风轻拂，浮云阴晴，嘤嘤鸟鸣中，墓园造型方正，环境清洁干净，一似他的为人。

南昱生有三子，幼子南昇（一四三八—一四六三），明弘治《温州府志·列女传》作南昪，字孔彰，号南园，传承乃父学识，下笔千言，年方弱冠就成为邑庠生，明天顺三年（一四五九），他二十二岁考中举人，以书经领浙江乡试第八名。天顺四年（一四六〇）会试，礼闱名列乙榜，授以教职，推迟不就，一心想像乃父一样蟾宫折桂。

天顺七年（一四六三），他再次参加会试，遭遇科场失火，考试被迫中止，到下午内廷减试五篇，但文思敏捷的他已答好所有试题，按原样交卷，主考官认为违旨不录取。心高气傲，年轻易折的南昇郁郁回乡，半路得病，归卒于家，年仅二十六岁。后主考官阅卷，嘉许其才华奏上。明英宗得知，赐“文杰”“世美”“世科甲”，令立坊表于当地，南氏家族遂以“旨赐文杰”等制匾，立起座座牌楼。

据明弘治《温州府志》、万历《温州府志》，南宅尚有为南昱立的“恩荣坊”“进士坊”，为南昇立的“世美坊”。清顺治七年（一六五〇），前明湖广布政使南洙源为分巡温处道道员，题写“旨赐文杰”匾，并为南氏宗祠题写“奕叶千秋”，雍正十二年（一七三八），江南提督南天祥还题写“勉承世德”匾，为此南宅又叫牌楼村，媲美章纶与其后裔的仙溪镇南阁牌楼村。

南大世：千里举报立禁碑

南氏十二世有南困，“字盈之，寿八旬，恩赐冠带荣身”。

明末清初，十三世有南阜，字朝视，号仰山，家庭和睦孝悌，“邑主徐申详，适清皇嗣储，锡以冠带，奖以‘仁寿’二字”。

十五世有南宗任，字恒之，从军后以“天命归清，率众从龙，兵部提授四川建昌镇游府”，游府即游击将军。

这期间，由于南氏繁衍而分居各地，行第未按照原先约定的排列，另起炉灶，各立辈分，造成混乱，为此，从十五世开始，弃用剩余的“忠贤仁德重，福寿永安延”，通族重编“宗大世承守，嗣元应德光，常存君子道，孝友启忠良”二十字，如南宗任本为贤字辈，现为宗字辈，并严正声明“无论远近，皆宜遵之，不得违越，如违，众共攻之”，将其载之宗谱。其中“常存君子道”，应该典出南宋蒙学书《名贤集》里的“长存君子道，须有称心时”。

十六世有南大增，字国盛，授清忠翊校尉、千总；南大展，名溟深，字国展，清邑庠生。

康熙二十六年（一六八七）二月，十六世南大世为长林盐场灶户，与灶户王有舜等人不远千里，勇敢奔赴京城都察院，举报盐场陋规盘剥百姓，维护盐民的合法权益。次年，乐清知县骞振飞、长林盐场大使杨霖奉浙江巡抚金鋐批示，刻立《严禁官役滥差需索长林场户碑》。

清光绪《乐清县志》卷五《田赋志·盐法》载此碑全文，碑文上南大世等人呈文道：“（南大）世等海边残黎，屡遭寇荡。顺治十三年甘寇登犯，十五年郑逆焚掠，十八年奉行迁徙，黎民失业，屋毁业抛。幸际康熙九年展复，剪棘归乡，十一年寥寥数丁，开垦盐地，十三年又遭闽变，十五年大兵恢复，男女被掠，老死沟壑，少投营伍，惨苦异常。但世等开垦盐坦，三翻四覆，兢兢守法，煎烧配引，毫不妄为。正课尚虞不继，奚堪额外苛求”，但如此辛劳下，“盐斤血比季规，每季每灶，科吸银两，给发门牌，差追陋例：日讨伢税银五钱，差催缴验，刨费十倍，差钱房规在外，或借查私盐，捆运商引税额，或借催课，或催册式，或借名丈坦，或提追违限，以及节礼折钱，每岁千金……妄陷良善，致害破家荡产，种种流毒，奇冤莫诉”。

为颠连莫诉，有司刻剥靡穷等事，南大世等奔控于都察院，获得都察院“批府严禁，转行置立文簿登记。各衙门所差事件，差名按月送查。仍饬温属厅县衙门官吏，抚恤残灶，不许生情扰累。如违悖蔑法，虐灶参处”。南大世表示当时“取具饬禁，遵依呈缴案，亦暂得一息”，岂料“前院复命，叠害复增”，“各衙门虎差蠹役，表里作奸，阳奉阴违，视场灶为鱼肉，隐匿宪行，违悖蔑法，百般凌虐，如水益深，如火益炽，酷索陋规，牢不可破，仍前纷差剥扰，欲壑难填，民何堪命”。

对上述投诉，长林盐场大使杨霖却有一套大事化小的说辞，曰：“茕茕灶丁，唯藉煎盐度日，缘各衙门差役纷繁，似属蚊负难堪，故南大世、王有舜等有奔赴宪辕之控也。卑职再四细讯，事属已往，未便深求。”乐清知县骞振飞则表示“乐邑团灶，毗连边海，前因海寇鸱张，又继闽逆变乱，迁遣流离，逃亡相继。今幸升平，历奉各宪，招徕复业，开垦坦地，哀鸿甫集，划土煎烧”，“孑遗残灶，尤当加意抚恤，奚堪叠行差扰”，同时也指责“灶丁南大世等有违宪制，忿为上控”。

但因都察院“批行查覆”，骞振飞表态“卑职转行长林场确查具报，而团长南国汝等既供差扰需索，悉以已往之事，但求转请颁发循环，勒石永为严禁，以除陋派。恩典出自宪台，非卑职所敢擅议者也”。

最终，都察院下令：“勒石永禁，如有不肖官役，阳奉阴违，滥差需索，苦累小民，一经访闻或告发，定行参究。”草民告倒地方官府，为所有盐民出头的南大世等取得了胜利，而且“勒石县门”，成为轰动一时的大事。

无独有偶，雍正十三年（一七三五），迁居瑞安的渔民南楚友与金再发等人呈报在完成“梁鱼两税”后，被重复收取涂税，导致“一船三税”，请求革除毫无道理的涂税。温州知府庄柱奉浙江布政使张若震与闽浙总督郝玉麟批示，不许对其再征税，于乾隆元年（一七三六）四月在瑞安城内立《奉宪革除玉环涂税碑》，此碑现存于瑞安市玉海街道飞云东路一六六号附近。

南嗣亮：八份大宅，乡饮大宾

从十七世开始，因为后裔繁衍，族人渐众，南氏分为三大房，即正大房、正二房、正三房，每年“三月初十”轮流主持祭拜六世祖白石南遇福墓。

乾隆年间，二房二十世有南嗣亮（一七三一—一七九八），字希明，学名炳烈，号浩轩，监生，热心公益，曾建南氏小宗祠（二房宗祠），内设私塾，延名师课蒙。一七六二年名登太学，一七八四年贡入成均，一七八七年倡议修谱，一七九〇年六旬寿辰，温州府学教授胡腾蛟以其品望隆重，推荐为乡饮大宾，一七九五年重建南氏大宗宗祠，一七九七年重修成南氏宗谱，次年去世，受赠迪功郎。乐清知县祝文彬、县学教谕王日华、县学训导项陛勋等亲临吊唁，纷纷哀以挽联。

南嗣亮耕读起家致富，家产甲一方，因生了八个儿子，以“奎壁联辉，星斗拱照”八字依次分别起名，寓意使其“亮”更加辉映照耀，并先后建八座大宅，加上其他附属建筑，所有房屋连绵成片，庭院深深，帘幕重重。据说总共有九百九十九根梁柱，加上在河埠头立起一根悬挂佛灯用于照明的“天灯柱”（埠头因此名曰“天灯埠”），号称“千柱落地”。

南嗣亮“八子”均好读书，均有功名，或文武秀才（南元联、南元星），或太学生（南元璧、南元斗、南元拱、南元照），或贡生（南元奎、南元辉），加上品行好，才能突出，被时人赞许，比作汉魏时期的“荀氏八龙”，家风传延，孙辈也屡多庠生与太学生。

其三子南元联，名崇元，字配珠，号兰台，读书习武，后职衔为都尉、卫千总。嘉庆二十五年（一八二〇）乐清霍乱，“遍染闾里”，南元联“为族设醮祈，保一族无恙，乡人皆颂其德”。为此长林盐场大使徐日照题额其门第为“怀德堂”。他还出资纂修乐清历代最优秀县志、清道光《乐清县志》，担任董事，又参修道光二十三年（一八四三）版南氏宗谱，前文的“弍难千古碑”就是他所建。

幼子南元照（一七八八—一八三五后），名丹阳，字配光，号晓亭，道光四年（一八二四）参加县试，名列前茅，在耕读以外还精通书法篆刻，“弍难千古碑"文为他所书，并篆额。

南元照宅第南侧即为南怀瑾故居，东侧门前现存的一架宽大古朴的清朝花岗岩石刻照屏是乐清市重点文保单位。独脚仿木插屏式，高两点七米，阔两点五米，须弥座厚零点一一米，屏两侧夹望柱，望柱上端刻如意云头纹，望柱下抱鼓刻夔龙纹。正面浮雕着狮子衔剑戏绣球图，两旁刻有联语“云开日镜毬生色；水受风梭剑有声”，背面为鲤鱼朝光化龙图，刻有乩笔题的五律：“天遣灵狮下，追球过海东。身翻毛有色，目怒力无穷。声吼千山震，口呼一剑风。举头惊百兽，善化石屏中。”以及“嘉庆廿三年孟冬”的落款。屏风雕工精美，狮子栩栩如生，构件保存完好。

一九二八年版南宅宗谱《古迹》载“石障屏：浩轩公因新屋落成，门前建石屏以障之……乩笔题”，时浩轩公（南嗣亮）已去世，当为其子南元照建。

南怀瑾一九七八年《南氏族姓考存·前叙》称：“至如逊清末造，吕纯阳真人降乩，嘱于殿后岸边，建石照屏以辉映东海，乩笔画狮子追球，并题诗以赠，盖皆有关身世之悬记，窒疑于胸臆者数十年，今并得读其全律及其名联，默觌仙灵，相视一笑，何怪寒山子厌丰干之饶舌哉！”

但此说有误，逊清末造为清末，与嘉庆廿三年（一八一八）时间不符，吕纯阳真人（吕洞宾）降乩属民间传说，而南嗣亮与其八子亦非南怀瑾直系先祖，后者直系祖先、嗣字辈为南嗣雄，与南嗣亮亦非亲兄弟。

据明永乐《乐清县志》卷二《邑里志》、清道光《乐清县志》卷二《舆地·县西山》“石厂横亘，呀呀如狮口”“前有小山，端圆如鞠丸，俗称狮子球”，诗里的“灵狮”与“球”，疑指政洪山（井虹山）东的狮子山。

历史文物古迹除了以上行文中提及的墓、桥、碑、坊表、照屏、亭台、宗祠、佛塔、寺院等，还有清光绪十年（一八八四）所建的殿后桥，一间三石板，长丈余，民国五年（一九一六）改名东安桥。

尤其还有不少地方官吏赠匾，除了为南巘、南昱、南昇、南元联与南氏宗祠等而题外，例如二房南世清，字云客，康熙四十一年（一七〇二）温处兵备道刘廷玑、温州知府赵恒、乐清知县王晋赠“德辉青磷”匾额，还题门“敦行可风”。三房南承瑶，字式玉，号霞庵，高龄九十三岁，其正妻时八十四岁，“府学正堂胡公表其门曰‘松龄模范’”。三房南嗣沛，字正雨，号沛然，乡耆士，嘉庆二年（一七九七）乐清知县李珍题门匾“齿德兼优”。大房南元武，字发如，号莲池，乡耆士，乾隆五十五年（一七九〇）乐清知县丁僩题门匾“厚德载福”。三房南德麟，字庆麟，“府学正堂朱给奖‘言行笃信’四字额其门”。

民国十五年（一九二六），地处沿海的乐清翁垟地团“陡闸倾陷，咸潮冲泻，为农田患”，南怀瑾之父南仰周时居地团，筹款修建，匝月告成，水利复兴，前瓯海道尹林鹍翔赐予“热心公益”匾额褒奖。

以上匾额大多无存，笔者所见，有乾隆年间乐清知县宋鳌为二房南叔彩所题“望并香山”匾，赞其德高望重如白香山（白居易），尚保留村内。南叔彩，谱名守密，字叔彩，号让庵，清上舍生，乡饮宾，为笔者直系第十九世祖。

嘉庆二十四年（一八一九），南氏又一次修谱，大房二十世南嗣典，字绍虞，号敬轩，太学生，撰写了《南氏家训》十则，载于宗谱，分别为“敦孝悌”“勉读书”“勤务农”“完国课”“节食用”“谨祭享”“睦宗族”“严家教”“肃闺门”“慎交游”。

各则均有详细解释，如“敦孝悌”一则认为“孝为百行之原”，“处则能孝其亲，出则能自忠君；内则能悌其长，外则能自睦族”，孝悌之子，夫妇必和，家道昌隆；孝悌之人，朋友必信，交情愈笃。敦孝悌，能使“大本立而五伦全”。

“勉读书”一则曰：“盖闻国序乡庠，首推隽秀；光宗耀祖，端赖诗书。《朱子》曰：子孙虽愚，经书不可不读。《孝经》云：奉养犹小，显亲乃大。见其大，所以囊萤映雪，志美功修，刺股悬梁，弥彩苦志。迨至恩荣叠至，封诰频来，细想根由，孰不从读书中得来者哉！”

“勤务农”一则曰：“国以农为本，民以食为天。所以耕采树蓄，无失其时；冒雨冲霜，宜勤厥业。披星戴月，然云苦乎？足胝手胼，岂不劳哉？”但专心务农，能使得“八口可免饥寒，不但事蓄有资，俯仰无愧，抑亦盛世之良民，克家之令子也，可不勉旃！”

“睦宗族”一则曰“盖闻出入相友，守望相助，同井且然，况宗族乎”，葛藟庇其本根，草木同其臭味，共派同枝，更应该和睦相亲。

“慎交游”一则曰：“盖闻朋以义合，友以情交。《家语》云：与善人交，如入芝兰之室；与不善人交，如入鲍鱼之肆。所以三益之友，期收攻错于他山；三损之朋，必败身名于异日。宁为君子之淡以成，莫效小人之甘而坏。与其凶终隙末以绝交，不若离群索居之为得也。”

南式仁：雕塑刻扎的全能艺人

合上线装的《南氏宗谱》，拂开历史的烟云，进入现当代，南氏家族形成名人迭出的高潮，最有亮度的依然是文化领域。

在南宅，倘若游览累了随处静坐，你会发现一草一木仿佛皆有灵性，而倾耳旁听村头凉亭里族人“笑谈古今多少事”，南氏其他子弟以不菲的成就崭露头角于各界，比如热心公益、道尹赠匾的南仰周，女子戏班开创者南镜秋，矢志中医科学化的名医南宗景，发现铀矿的地质学家南延宗，著名文化人、教育家、国学家南怀瑾。

对于一个被漫长岁月涂抹得满脸沧桑的家族，南怀瑾与南延宗可以称为现当代南家的“文理科状元”，但整个家族积淀的精华却无法被上述几人所囊括，如还有全能艺人南式仁。

南式仁（一九一七—一九七八），名绍潘，字式仁，常字辈，从小喜欢玩泥塑与画像，他的叔叔南余尧恰好是漆画塑像的手艺人，于是收其为徒，加上他自身勤奋钻研，至上世纪四十年代中期，叔侄成名于乡间。一次，南式仁为乐清翁垟某佛殿画壁画，在墙上画了张钞票，由于实在逼真，以至于有人看花了眼，叫道：“谁把钞票贴在墙上？”极有三国时期著名画家曹不兴屏风误点蝇的功底。

笔者藏有其白描作品《水浒一百零八将》，每人一图，工笔细画，浪子燕青、行者武松、黑旋风李逵、花和尚鲁智深……无不生动传神，简直可当一本连环画小人书，像儿时一样蹲在地上，用手指沾着唾沫来津津翻看。

南宅旁边，今翁垟街道地团社区，旧称地团叶村，因主要姓氏叶姓而名，住着著名的黄杨木雕叶氏家族，南式仁与其家族日后的中国工艺美术大师叶润周是艺友，叶润周制作黄杨木雕作品后，经常都是由他上漆完成。巧的是，叶润周也是南怀瑾的同学。

五十年代初，南式仁参加华东区塑画比赛，以泥塑《武松打虎》获得第一名，后受聘任教于中央美院华东分院（今中国美院），被称“南派画家”。一九五八年，南式仁在浙江越剧团任舞美设计师时，发明了舞台幻灯银幕，代替了传统的实物道具布景，即以手指、手掌、刮刀、毛笔、棉花等作画，将彩色油墨涂、抹、刮、点、描于玻璃上，绘制成景物图像，再用幻灯投影于天幕上，为提高舞台上景物造型的艺术效果做出了重要贡献。这种独特的幻灯银幕当时相当风靡，次年被全省推广后，引发全国上百个剧团纷纷前往取经，很被戏剧美术界推崇。当代《中国越剧大典·名人卷》曾经专条介绍他，评价其艺术“富丽中不失典雅，写实中绝无匠气”。

而除了绘画，南式仁还是雕、塑、刻、扎（纸扎）、剪纸等样样全能，被评为当时温州漆绘界佼佼者，其彩塑更被推为全省第一，因此获浙江省政府授予“艺术家”称号。一九五五年，著名京剧明星盖叫天从艺六十周年，南式仁代表浙江越剧团，创作了盖叫天的泥塑雕像，赠送他作为舞台生涯纪念，塑的是后者主演的武松角色，一身黑衣劲装的武生打扮，栩栩如生。

一九五六年浙江省群艺馆主编，上海人民美术出版社出版《浙江民间美术选集》，收录了南式仁的彩色泥塑代表作《武松打虎》《大闹飞云浦》《血溅鸳鸯楼》，并在序言里点名推荐，上述作品后被浙江省博物馆收藏，其中《武松打虎》还被拍成艺术教育片。作为国画大师刘海粟的艺友，一九九〇年刘海粟出版《存天阁谈艺录》一书，也收录了与南式仁探讨泥塑、面塑、糖塑等民间传统艺术的谈话《创造与创新》。

在南式仁的熏陶下，他的六个子女后皆从事雕塑，有的搞石雕，有的搞象牙雕，有的搞黄杨木雕。其孙南鲁魏专攻石雕，二〇〇三年创作了组雕《三十六行》，获得全国工艺美术大师精品博览会金奖，二〇一〇年被评为浙江省工艺美术大师。

血脉文脉与诗脉

“十八担书笼”是流传不少文化家族里的典故，南族亦有此传说：清末，南氏文风鼎盛，子弟均爱好读书，当时全族不满百来户人家，有一年上县城赶考竟多达十八人，人人肩挑两只装满诗书的书笼，一路迤逦，招摇过官道，拉风如奥运军团出征，蔚为壮观。紧邻南宅的长林村村民倪集槐的祖母回忆儿时夏天天热，大家在外面乘凉，远望南宅村里，到处是穿白色长衫的士子走来踱去，她笑道“就像一大群鹭鸶”，颇符《诗经·周颂·振鹭》“振鹭于飞，于彼西雝”的古意。

清代乐清郑鼎彝《醉白生文集》记载了一则《西湖花神》故事：乐清咸丰末年有“南生”省试到杭州，游西湖见十二花神庙，中意其中一位花神女。花神女感其情意，远道来乐清，与其相好，被娶为妾，两人朝夕吟诗弄文为乐，花神女抚养教诲南生之子读书识字，期望日后为翰林进士。故事虽属小说，但其背后当有乐清南氏耕读传家、热心科举的史实为基础。

细细翻检南宅宗谱里的人物列传，仅仅清朝，就有贡生、监生（国学生、太学生、上舍生）共三十六名，文武秀才（庠生、廪膳生）十九名，其中包括同治四年（一八六五）“贡元”南蒋槐（南德谦，“贡元”匾尚存村里）、道光“魁元”南蒋魁，虽然不乏捐贡（花钱买来），但附庸风雅，多少也证明其对文化的向往。上述士子其交往者亦不乏端木国瑚、潘鼎、黄式苏、曾元琳等地方知名文人，而为纂修清道光《乐清县志》这一文化盛事，南族多达十几人捐钱赞助。

南延宗、南怀瑾、南镜秋自然是南氏文化的代表人物，而从医的南宗景因其《中医内科全书》，提倡“中医科学化”，被业界视为儒医、学者；擅长美术的南式仁，其泥塑作品浸淫着浓厚的文化气息。据一九二八年南氏宗谱，近现代以来，名人基本出自二房，唯有南宗景出自大房，而大房也有四代读书。

如大房二十二世南应钟，榜名庚，字明海，号金生，邑庠生；其子南瑞薰，谱名德化，字小芳，号舜谱，光绪年间副贡，江西候补直隶州州判，参修一九二八年版南氏宗谱，历任黄岩县教育会会长、黄岩县议会会长、台州府六邑联合会会长。黄岩县长徐子勉赠以“髦士蒙庥”，温州专员许蟠云等赠“侠义可风”匾额，中国孔圣会副会长、山西图书馆馆长柯璜为其作传；其孙南光基，一作光箕，名韶，字伯箕，号仲韶、重韶，邑膳生，就读北京国立京师大学堂（今北大）；曾孙南尚毅，谱名常毅，字号武仲，一九二六年毕业于上海法政大学。

此外还有南仰之，名光彩，字正新，又名南衡，以号行，一九二九年出资创办南宅民众学校，自任校长，入学者达百余人，一九三三年当选为南宅乡乡长。南光煊，字光辉，一九四三年任玉环县黄大岙第十三保国民学校校长，一九四八年任玉环县黄岙乡乡长。而殿后作为南氏发源地，曾办有三所小学。

而走上经商从政之路的南氏后裔也还割舍不了那文化的丝缕，比如二十六世南存辉（一九六三— ），著名民营企业家、正泰集团董事长，祖辈居住南宅殿后，后迁居柳市。

南存辉初中没毕业就摆摊修皮鞋，开始创业。一九八四年，他发现低压电器行业市场前景很大，便与人合伙创办求精开关厂，一九九一年打出“正泰”的牌子，瞄准国际市场，打造低压电器知名品牌，率领正泰电器公司从一个家庭作坊迅速发展壮大为大型现代企业集团，被誉为“温州模式的缩影”、温州二次创业的杰出代表。

一九九八年，温州文化人通力合作，由温籍作家戈悟觉任主编，编著一套首次全面反映温州历史文化的综合性普及丛书《瓯越文化丛书》。南存辉抱着弘扬温州文化的热心，家族的文化基因被激活，担任荣誉主编，出资出版了这套大型丛书，颇受温州市文化界好评。

随着事业做大，南存辉身负众多职务与头衔，如全国政协常委、全国工商联常委、全国人大代表、中美企业家协会副会长、中国机械工业联合会副会长、中国质量协会副会长、浙江工商联主席等。虽然事务百忙千累，但他常存着向往文化的念头，为此从上世纪九十年代起就与南怀瑾交往不辍，虔诚聆听教益，多次前往太湖大学堂补上传统文化的课。南怀瑾去世后，二〇一八年温州成立南怀瑾书院，他出资设立南怀瑾人文公益基金会，支持其运营。

再如南氏家族青年子弟南剑锋，身为温州市财政局公务员，他更看重自己的是另两“员”，西泠印社社员，中国书协会员。多年浸淫篆刻的他，作品六次获得国家级最高奖，包括“中国书法兰亭奖”与连续两届“全国中青年书法篆刻家作品展最高奖”，宝“剑锋”自“磨砺”出，现被认为是温州篆刻第三代代表人物之一。

手持历史的放大镜，细细考察南氏历代传人，悠久的南氏家族一直绵延下来的，不仅仅是一条血脉与一条文脉，明代开始，还是一条诗脉。

除了南昱、南镜秋、南延宗均有诗作传世外，据清光绪《乐清县志》与宗谱记载，九世南尧民（一三三八——一三八八），名思尹，号龟溪，以字行，元末明初人，为乐清南族第一位诗人。

南尧民为乐清名儒赵次诚弟子，居长安乡雁塔里（今翁垟），明洪武初隐居不仕，诏征不起，著有《四书括要》《四书馀意》《梅雪窝集》，后者被清黄虞稷《千顷堂书目》收录，今均佚。明《东瓯诗集》

收录其诗《送张监生》一首："美人去矣不可招，青云万里天遥遥。离亭把酒桂花老，瘦马出门霜叶凋。忠义自有古周召，勋业岂独汉萧曹。男儿有怀天可鉴，耿耿日月悬中霄。"

清代，二十一世南元奎，号兰谷，乾隆五十四年（一七八九）附贡生，与潘鼎、端木国瑚为好友，现存其《五旬自寿》诗八首，载于宗谱。

二十二世南应鎏（一七九三—一八四二），名舆，字思敬，号书绅，郡增生，其家白菊花一蕊开两朵，他为此祥瑞赋诗，并向诗友征作唱和，乐清恩贡、梅溪书院山长叶正阳有《南应鎏园有白菊花一朵，心内复开一花，主人绘图赋诗属和》四首。林启亨有《重台白菊花》诗，其子林大椿有《重台白菊，和南君笃庵韵三首》，后有《祭南书绅文》。

二十三世南德盛，曾与地方文人倪藩屏、恩贡生余朝钦（沁芳）等八人结"中秋赏月诗社"。二十三世南德晖，榜名岳生，字绍裘，号吉儒、吉如，南怀瑾叔祖父，邑庠生，能诗，郑云衢弟子，洪邦泰诗友，曾戏题书室联曰："教几个童蒙，聊堪糊口；攒十年故纸，总笑埋头。"

清末则有二十四世南仲望，名邦铨，榜名瞻衡，号仲逸，以字行，儒医，南镜秋族叔，"邑西三才子"之一洪邦泰的弟子，著有《学稼轩吟草》，卒于上世纪四十年代，一九四九年宗谱记载其《五旬自述》五首，此外还有《七夕》："举世纷纷争斗智，翻新花样苦搜寻。可怜人事巧如许，还向天孙乞巧针。"《山寺秋晚纪事》："钟声送我出禅关，闲倚石床豁笑颜。托钵僧归黄叶寺，斜阳樵返白云山。虫吟草际音何急，鸟宿枝头意自闲。乘兴放歌忘久立，一轮月出斗牛间。"

二十四世南光阜，又名蒋祥，字次如，亦能诗，今存黄鼎瑞《天一笑庐哀挽录》里联语一副，黄式苏有联相赠。二十五世、其长子南侠群，谱名常智，又名蒋磅，字侠群、侠臣，号任庵，清秀才，南延宗大伯父，黄式苏表兄，曾佐黄式苏而任职浙江遂安县、福建宁德县，多才多艺，工诗文书画，有“顾虎头再世”之誉，精三弦与古琴，后居乡校勘一九二八年版南氏宗谱，与黄式苏、朱味温、洪邦泰等为诗友。黄式苏等有多诗相赠，《乐清当代诗词集成》收录其诗一首《登遂安九江岭，补作重九》，《洪母邱太夫人哀挽录》《天一笑庐哀挽录》各有其联语一副。

而在当代举世汹汹的经济大潮中，南氏今人坚守着文化家园，不忘读书吟诗，将文化代代传承。

二十五世南怀瑾著作等身前，桃李满天下，从十五岁开始写诗，直至九十二岁尚有《己丑新正感言》：“造化牢笼困我徒，未能解脱只呼吁。平生功过从头数，惭愧人间负此躯。”终身不辍，历年诗作达到五六百首，已经超过其师朱味温的四百多首，其诗词楹联先后结集为《净名庵诗词拾零、佛门楹联廿一幅、金粟轩诗话八讲合编》《金粟轩纪年诗初集》《金粟轩纪年诗》等书出版，从少年写到老年，显然，诗词是伴随他一生的。

二十五世南宪（一九一九—二〇〇八），谱名常宪，别号黄华野叟，中医，乐清市政协文史委委员，辑有《黄华集》，有诗词联语。

二十五世南伟然（一九二二—二〇一六），谱名常耀，笔名雁归、白萍、南宋渡，肄业温州中学，年轻时思想“左”倾，参加革命，被国民党关押入狱，一九四九年后首任乐清县文教局长。一九五七年因向县委汇报农村教育条件太差，尤其是乐清东乡山区，被打成“右派”，开除公职。一九七九年冤假错案平反，但后来降职为乐清县文化馆副馆长。他平生爱读书，爱古诗词，著有《雁荡诗千首》《风雨楼诗词》，退休后把余生投入到抢救民俗文化中去，与其女南向北（乐清文博馆馆长）合著，历时四年付梓了《乐清传统民俗》。去世时，笔者曾挽联曰：“半世烟云，左右皆遭厄运；一楼风雨，始终独好斯文。”其子南都有诗作收录于《乐清当代诗词集成》。

二十七世的笔者亦时有吟哦，撰有《七七七绝》《欸乃词选》《马蹄联存》等诗词联一百多首（副）以及新诗，载于《诗刊》《草堂》《浙江杂文界》等书报刊。此外族人南孔球、南仙云有诗作收录于《乐清当代诗词集成》。

漫游在南宅整洁的长街小巷间，摩挲着古老建筑的青砖黛瓦，在这个面朝大海的淡雅村落里，南氏家族八百多年的文化香火，至今还在冥冥中静静燃着。

回望来路，烟云满目。瓣香一缕，俎豆千古。

（本文为南怀瑾书院课题）

温州的一日

一九三六年五月，邹韬奋、茅盾诸人学习高尔基动议的“世界的一日”征文活动计划，也发起“中国的一日”征文活动，以记录五月二十一日发生的事为主题，“意在表现一天之内的中国的全般面目”。短短三个半月，收到三千多篇投稿，计六百万文。经编委会严格选取，挑出四百六十九篇成书，即一九三六年九月上海生活书店出版的《中国的一日》。

一位叫李漪的女生参与了此项征文活动，写了篇《温州的一日》，最后被选中收录于书。一九三六年五月二十一日，温州天气由阴转晴，作者上午闷在家胡乱看书，下午便高高兴兴出去玩了。她约了一位姓连的女友，出了东门，到江边“海晏轮”码头去，那里有挑夫、水手及船上的宪兵。他们看到两位女子无缘无故跑来，嗤笑，还讲些难听的话。作者和女友沿江边向乡村走去，看到一座石桥，桥下有道闸门，水从这里奔流到江中去。乡村与江中点点帆影、江对岸的山、塔相映，作者感叹自然和乡村的美。“然而美救济不了贫穷”，美丽的天空下，“谁能想象到我们的半壁山河已沦亡了？我们的民族正遭受着最大的危机呢？”作者和女友沿着长堤走着，看到泥滩上的许多小洞，又下去抓小螃蟹。从江边回来，她们回到连家。正逢女友的爸爸生日，家里来了不少客人。寿公、寿母都喝醉了。归途，她碰到两位朋友的朋友，有位三日后就做新娘了，手里提着不少东西。作者猜想是香水、胭脂、绸手巾之类。“红色紫色的霓虹灯，发出特别耀眼的光彩，人身上脸上以及地上都映红了，成群的人们正在街心中慢条斯理的踱着，他们心中大概也是麻木的吧？”这便是作者所记录的温州的一日了。她的文章最后说：“在这繁华的古城中，无数醉生梦死的人民，正在醉生梦死地将日子打发过去。”美丽的乡村，繁华的街景，在作者眼中都难以抹去民族危难的阴影。

虽然不知李漪是何家女子，也不知她后来的境遇，但她所记录的温州的一日，却是永恒的一日，是中国的一日的折射，凭借她的记录，我们仿佛看到了八十五年前的温州，体会了那个时代一位普通市民的所见所感。这也是微观记录的魅力。相对于宏观叙事而言，尽管可能有些琐碎，然而却能使我们回归历史现场。《瓯风》出刊已二十集，我们执着于抢救记忆，小处入手整理文献、研究历史，就是认为诸多局部最终能组合成整体，温州的一日，也是中国的一日。

编者

辛丑立夏

图书在版编目（CIP）数据

瓯风．第二十一集 / 方韶毅主编．-- 上海：文汇出版社，2021.7

ISBN 978-7-5496-3607-5

Ⅰ．①瓯⋯ Ⅱ．①方⋯ Ⅲ．①文史资料—温州—文集 Ⅳ．① K295.53-53

中国版本图书馆 CIP 数据核字（2021）第 146304 号

瓯风

第二十一集

主　　编　方韶毅
责任编辑　苏　菲
装帧设计　何天健
排版制作　胡文胜

出 版 人　周伯军

出版发行　文匯出版社
　　　　　上海市威海路 755 号（邮政编码 200041）
经　　销　全国新华书店
印刷装订　温州今日印刷有限公司
版　　次　2021 年 7 月第 1 版
印　　次　2021 年 7 月第 1 次印刷
开　　本　787 × 1092　1/16
字　　数　20 千字
印　　张　15.75

书　　号　ISBN 978-7-5496-3607-5
定　　价　48.00 元